AF325452

IMPRIMERIE

DE

RUE DU POT-DE-FER, N° 14.

ENCYCLOPÉDIE portative,

OU RÉSUMÉ UNIVERSEL

des sciences, des lettres et des arts,

EN UNE COLLECTION

DE

TRAITÉS SÉPARÉS;

PAR UNE SOCIÉTÉ DE SAVANS
ET DE GENS DE LETTRES,

Sous les auspices de MM. DE BARANTE, DE BLAINVILLE, CHAMPOLLION, CORDIER, CUVIER, DEPPING, C. DUPIN, EYRIÈS, DE FÉRUSSAC, DE GÉRANDO, JOMARD, DE JUSSIEU, LAYA, LETRONNE, DE MOLÉON, QUATREMÈRE DE QUINCY, THENARD et autres savans illustres;

ET SOUS LA DIRECTION
DE M. C. BAILLY DE MERLIEUX,

Avocat à la Cour royale de Paris, membre de plusieurs sociétés savantes, auteur de divers ouvrages sur les sciences, etc., etc.

ARCHÉOLOGIE
Deuxième Partie.

Periteores vetustas facit.

CICERO.

Lith. de Manteaux.

RÉSUMÉ

COMPLET

D'ARCHÉOLOGIE.

Tome Second,

Contenant les Traités sur les PIERRES GRAVÉES, les INS-
CRIPTIONS, les MÉDAILLES, les USTENSILES sacrés et
profanes, Meubles, Armes, etc., suivis de la BIO-
GRAPHIE des plus célèbres antiquaires, de la BIBLIO-
GRAPHIE archéologique et d'un VOCABULAIRE.

ORNÉ DE PLANCHES.

PAR M. CHAMPOLLION-FIGEAC.

PRISCI ÆVI VESTIGIA.

Paris,

AUX BUREAUX DE L'ENCYCLOPÉDIE PORTATIVE,
Rue du Jardinet-St.-André-des-Arts, n° 8,
Et rue Taitbout, n° 6.
Et chez BACHELIER, lib., quai des Augustins, n° 55.

1826.

TABLE

DES MATIÈRES.

QUATRIÈME DIVISION.

SIXIÈME DIVISION.

SEPTIÈME DIVISION.

FIN DE LA TABLE.

RÉSUMÉ
D'ARCHÉOLOGIE.

PIERRES GRAVÉES , INSCRIPTIONS ,
MÉDAILLES , MEUBLES ET USTENSILES.

GLYPTOGRAPHIE, ou PIERRES GRAVÉES.

SECTION PREMIÈRE.

Notions Générales.

§ Ier. *Origine et Histoire.*

1. L'art de graver sur pierres fines, se nomme *glyptique*, et la connaissance des pierres gravées qui nous viennent des anciens, *glyptographie* (de γλύφειν, graver, et γράφειν, décrire). Parmi les monumens de l'antiquité,

1

les pierres gravées sont au nombre des plus élégans par leur forme, leur éclat et leur usage, des plus riches par la matière et le travail, des plus recherchés par la facilité avec laquelle ils se mêlent aux parures nouvelles et concourent à l'ornement des joyaux les plus précieux. Le luxe des anciens avait deviné tout ce qu'il y a de flatteur pour le goût dans ce genre d'ouvrages, soit qu'il ornât les diadèmes, les colliers, les bracelets, les boucles d'oreilles, les ceintures, plusieurs parties des vêtemens, les chaussures, ou bien des meubles de prix; soit que, monté sur un anneau d'or, il servît à la fois de bague et de cachet.

2. Les plus belles pierres gravées étaient offertes aux dieux, et déposées dans les temples. Pour les princes, elles étaient comme un insigne du suprême pouvoir et le sceau de l'état; pour les particuliers, elles donnaient l'authenticité à leurs actes publics et privés. Alexandre, vainqueur de Darius, se servait du cachet de ce prince pour ses lettres et les actes relatifs à l'Asie; Auguste adopta d'abord une pierre portant un sphinx et lui substitua ensuite une tête d'Alexandre, et

puis la sienne même; ses successeurs adoptè-
rent celle-ci , mais Galba la remplaça par
son cachet de famille, où était figuré un
chien posé sur la proue d'un vaisseau ; enfin
la famille des Macriens avait adopté la tête
d'Alexandre. L'usage des cachets de ce genre
fut aussi très répandu dans la Grèce ; les villes, les corporations et les familles en avaient
de particuliers. Rien n'était plus général à
Rome que l'usage des anneaux; et c'est à cet
ornement que Cicéron déclare qu'il a reconnu une statue de Scipion l'Africain , sans
doute , parce que cet anneau portait le signe
de la famille des Scipions. C'est ce même goût
qui a excité l'émulation des artistes pour
imiter, en matières quelquefois assez communes, les pierres gravées antiques.

3. Les pierres gravées qui nous viennent
des anciens n'ont point changé de destination ; le même goût les emploie aux mêmes
usages ; elles ne sont pas moins recherchées
aujourd'hui, qu'elles ne le furent autrefois
dans toutes les parties du monde , des Grecs et
des Romains. Les partisans du luxe moderne
ont hérité de la passion des Cyrénéens pour
les pierres gravées , et l'on trouverait peut-

être encore des musiciens qui, à l'exemple de l'Isménias de Pline, portent un camée comme insigne de leur art, et, comme ce joueur de flûte, sont toujours fâchés de ne pas l'acheter à plus haut prix.

4. Mais considérant ici ces pierres gravées sous un rapport plus grave et plus utile sans doute, dans l'intérêt de l'étude des arts et des coutumes de l'antiquité, on peut dire vraiment que leur importance à cet égard n'est surpassée par aucune autre sorte de monument. Avec les procédés et l'histoire des arts, on y trouve la religion, l'histoire, les écritures, les opinions, les costumes et jusqu'aux amusemens des anciens peuples ; les portraits de leurs grands hommes ; la reproduction, dans des proportions très resserrées, de quelques-uns des chefs-d'œuvre de leur architecture, de leur sculpture ou de leur peinture, qui ne sont pas venus jusqu'à nous ; des indices certains sur leurs progrès dans la connaissance de la nature, et une foule d'exemples de ces compositions gracieuses, singulières ou fantastiques que le goût ou le caprice des artistes grecs multiplia à l'infini. C'est par l'étude des pierres

gravées que Raphaël et Michel-Ange s'épargnèrent des tatonnemens qui auraient peut-
être ralenti les élans de leur génie. D'autres
peintres célèbres y ont trouvé des compositions qu'ils n'ont pas dédaigné d'imiter, et
la glyptique moderne, dont la restauration
est toute récente en France, travaille encore
d'après les beaux modèles que fournit l'antiquité, et qu'elle n'a pas égalés.

5. L'époque de l'invention de l'art de graver sur pierres fines, est tout-à-fait ignorée.
Elle remonte aux plus anciens temps connus
par les documens de l'histoire. L'Exode
(XXVII, 9 et suiv.) énumère les diverses
pierres gravées qui doivent faire partie des
vêtemens du grand-prêtre Aaron, et cette
indication remonte au XVIe siècle avant
l'ère chrétienne. Les Éthiopiens, selon Hérodote, gravaient aussi des cachets; on
connaît des pierres avec des inscriptions en
sanskrit, ancienne langue des peuples de l'Inde; mais dans la pratique de cet art, comme
pour tous les autres, l'Égypte conserve encore sur tous les peuples son antériorité, dé-
montrée à la fois par les relations historiques
et par des monumens qui sont venus jusqu'à

nous. Le roi d'Égypte qui choisit Joseph pour son ministre, lui donna son anneau comme témoignage de la délégation de son autorité, et Joseph précéda les temps de l'Exode de plusieurs générations. Les collections des pierres gravées égyptiennes, appelées *scarabées* parce qu'elles ont la forme de cet insecte, nous en montrent qui, dans leurs inscriptions, portent des noms de rois antérieurs à l'existence même de Joseph. L'étude des monumens de la glyptique prouve donc que les plus anciennes productions de cet art sont des ouvrages des Égyptiens.

6. Les Étrusques, les Grecs et les Romains le pratiquèrent aussi, et il se conserva comme tous les autres arts jusqu'à l'irruption impétueuse de la barbarie sur les restes dégénérés de l'ancienne civilisation. On est induit à croire que les Étrusques l'apprirent des Égyptiens, parce que les plus anciennes pierres gravées Étrusques ont aussi la forme d'un scarabée. Dans tous les cas, les Italiotes précédèrent les Grecs dans la connaissance de l'art glyptique, comme dans celle des autres arts qui dépendent du dessin, et ils y travaillèrent avant leur

première communication avec les Grecs. Mais les Grecs de leur côté portèrent cet art jusqu'à son plus haut point de splendeur, et c'est à leur génie qu'on est redevable de son admirable perfection. Les Romains furent les élèves des Grecs et n'égalèrent jamais leurs maîtres.

§ II. *Matériel de l'art.*

7. La mécanique de la glyptique n'a été décrite dans aucun des ouvrages qui nous restent des anciens; on trouve quelques indications éparses dans les livres de Pline; mais on a reconnu que les anciens procédaient comme les modernes, en employant la scie (*terebra*), la bouterolle (*ferrum retusum*) propre à user la pierre ou à l'entamer, le touret, la poudre et la pointe de diamant. Ils avaient fait aussi usage du *naxium* ou grès du levant, ensuite du schiste d'Arménie, et enfin de l'émeril qu'ils appelaient *smyrris*, et de l'os de seiche pour polir. Il paraît que les artistes anciens se chargeaient eux-mêmes de ce soin; aussi la perfection du poli est-elle un des caractères remarquables des pierres antiques. Ces artistes étaient désignés en gé-

néral sous la dénomination de *lithoglyphes*, graveurs en pierre, mot grec dont le latin *scalptor* ou *cavator* paraît avoir été synonyme. L'art de monter les pierres portait chez les grecs le nom de *lithocollésis*, et ceux qui s'y adonnaient à Rome, s'appelaient *compositores gemmarum*. Enfin on donnait le nom de *dactylioglyphes* aux graveurs *d'anneaux*, et l'on a tiré de celui-ci les mots *dactyliologie*, la science des pierres gravées en général, mais plus spécialement des bagues qu'on portait aux doigts; *dactyliographie*, la science de leur description, et *dactyliothèque*, cabinet ou collection de monumens de ce genre.

8. Les substances employées par les anciens dans la glyptique, furent variées et nombreuses; elles sont animales, végétales, minérales ou artificielles. Parmi les premières, on compte le corail et l'ivoire; parmi les secondes, le citronier, le buis, l'ébène, le sycomore, etc.; les substances minérales, sont l'argile ou bien des bitumes, des métaux ou des pierres : 1° l'argile cuite ; 2° le jayet, le charbon-fossile, le succin, le chryselectrum, etc. ; 3° l'hématite, la calamite, la malachite et l'aimant ; 4° les pierres ont

été plus généralement employées , et leur variété est presqu'infinie ; parmi les pierres
diverses travaillées par les anciens, on a reconnu le lapis lazuli , le schiste calcaire , la
pierre ollaire ou pierre thébaine des anciens,
et la stéatite ou pierre de lard ; on a aussi
des exemples de pierres magnésiennes employées par les anciens , et parmi les substances siliceuses , qui font feu sous le bri-
quet , les artistes ont choisi les plus dures
comme se prêtant plus surement à la finesse
et à la délicatesse des traits. On les classe selon qu'elles sont transparentes, semi-trans-
parentes ou opaques , et on compte dans
ces trois classes ; 1° le diamant , le rubis ,
le saphyr , la topaze, l'émeraude , l'améthys-
te , l'aigue marine , le grenat , l'hyacinthe,
qu'on croit être le *craterites* de Pline , le
cristal de roche ; 2° la plasme d'émeraude ,
ou prase , l'opale , le girasol , espèce d'opale
très chatoyante , l'hydrophane , les agathes,
la chalcédoine, la cacholong, la sardoine , la
cornaline , le jade ; 3° le jaspe verd , jaune,
brun , noir , gris , ou sanguin , c'est-à-dire,
vert parsemé de taches rouges , le granit , le
basalte, la serpentine , la siénite ; enfin par-

mi les pétrifications, la turquoise a été souvent employée par les anciens.

9. Les substances artificielles qu'ils mirent ordinairement en œuvre, étaient des
vitrifications ; ils coloraient le verre et la
porcelaine, ils reprenaient et ouvrageaient
au touret les pièces de verre qu'ils avaient
d'abord coulées ; ils combinaient des couches de couleurs diverses, qu'ils soudaient
par l'action du feu. Les Egyptiens firent
aussi des émaux dans la plus haute antiquité, et le nombre de leurs scarabées en
porcelaine ou autres matières cuites, est
très considérable. Les anciens composèrent
aussi des *pâtes* vertes, bleues, blanches,
etc., imitant les pierres fines; les objets antiques de cette nature sont également recherchés ; leur prix est indépendant de la matière, mais on doit à ces espèces de contrefaçons, la connaissance de plusieurs
ouvrages admirables dont les originaux ne
nous sont point parvenus.

10. La nature de la gravure sur les pierres, les fait diviser en deux grandes sec-
tions; 1° *les intailles*, ou pierres gravées en
creux ; 2° les *camées*, ou pierres gravées en

relief. Les Égyptiens, les Étrusques, les Grecs et les Romains pratiquèrent également ces deux méthodes. Le scarabée figuré en relief et dans tous ses détails sur les pierres égyptiennes, constitue certainement un camée, quoique le plat de la pierre porte ordinairement un sujet ou une inscription en creux; on connaît d'ailleurs plusieurs pierres égyptiennes dont la partie plate est encore taillée en camée, quoique le relief soit dans le creux. Il en est de même des scarabées étrusques. Outre les deux grandes divisions qui viennent d'être indiquées, les pierres gravées reçoivent encore d'autres dénominations caractéristiques, tirées de leur forme ou de la nature même du sujet. On appelle *scarabées*, les pierres qui ont la forme de cet insecte posé sur une base applatie; *cabochons*, les pierres convexes; *grylli*, celles qui offrent des sujets grotesques; *caprices*, les sujets groupés d'une manière bisarre; *chimères* l'association des parties de divers animaux pour en former un de *pure invention;* et *pierres astrifères*, celles où des astres sont figurés. Lorsqu'une pierre porte deux ou plusieurs têtes de profil, ces têtes sont appelées *conjuguées* quand les profils sont superposés l'un au dessus de l'autre, *affrontées* quand les têtes se regardent, et *opposées* quand leur face est tournée sur les deux côtés contraires. (*Scarabées*, *Pl. III*, *Fig.* 1 et 2.)

§ III. *Abraxas.*

11. Une classe particulière de pierres gravées porte le nom d'*Abraxas*, ou de pierres *basilidiennes*. On le donne à celles où sont figurées, ordinairement avec peu d'exactitude, des divinités égyptiennes ou autres, combinées avec des symboles tirés des religions de l'Inde ou de la Perse, et accompagnées d'inscriptions en lettres latines, grecques, coptes ou hébraïques, et de signes cabalistiques mêlés ensemble. Quelquefois les inscriptions coptes forment un sens entier; souvent on n'y lit que le mot ABPAΞAC, dont les lettres, prises numériquement selon l'alphabet grec, donnent ensemble le nombre 365 (A 1, B 2, P 100, A 1, Ξ 60, A 1, C ou Σ 200, = 365). On les considère donc comme le symbole du culte du soleil dans la secte des Gnostiques, qui re-

monte aux premiers siècles de l'ère chrétienne en orient. Les pierres de ce genre sont ordinairement d'un mauvais travail et très souvent écrites ou taillées des deux côtés. Quelquefois aussi une pierre plus ancienne et d'un travail meilleur a reçu une inscription qui en a fait une amulette consacrée : il faut donc distinguer ces deux époques sur la même pierre, et l'estimer selon le mérite de la gravure primitive, les abraxas étant très communs. Mais les notions sur la secte des Gnostiques ou des Basilidiens n'étant pas encore très positives, ces monumens peuvent répandre quelques lumières sur son esprit, ses pratiques et ses croyances ; ils ne doivent donc pas être rejetés à cause de la médiocrité du travail.

§ IV. *Cylindres.*

12. On doit indiquer ici un genre de monument qui, pour la matière, le volume et le travail, est fort analogue aux pierres gravées, quoiqu'il en diffère par la forme et vraisemblablement par l'usage ; je veux parler des *cylindres.* On donne ce nom à des

cylindres de matières dures, naturelles ou
artificielles, basalte, jaspe, turquoise, hématite, lapis, agathe, porcelaine, terre
cuite, etc., de proportions variant d'un à trois
pouces de longueur, de quelques lignes à un
pouce de diamètre, percés d'outre en outre
dans le sens de la longueur, et dont la surface
est couverte de figures et d'inscriptions. On
connaît des cylindres égyptiens et persépolitains. On les trouve dans ces contrées, et
l'origine de ce genre d'amulettes n'est pas encore bien connue. On les croyait particuliers
aux Perses; on a trouvé en Égypte des cylindres portant des figures égyptiennes et des
inscriptions persépolitaines, ce qui ne con-
tredisait pas l'opinion générale sur leur origine, ces objets ayant pu être fabriqués en
Égypte sous la domination des Perses. Mais
on vient de recueillir tout récemment des cylindres purement égyptiens, de matières travaillées par les égyptiens, couverts de figures
et d'inscriptions égyptiennes, et portant des
noms de rois égyptiens antérieurs de plusieurs
siècles à l'invasion des Perses en Égypte. Ces
monumens paraissent donc être d'invention
égyptienne, et ils auront pu passer à d'au-

tres peuples comme les scarabées. Les cylindres *égyptiens* portent des figures de dieux, avec leurs noms en hiéroglyphes; on y trouve aussi des cartouches où des noms royaux sont inscrits. Les cylindres *persépolitains* offrent des sujets tirés de la religion persane, accompagnés d'inscriptions en caractères qu'on appelle *cunéiformes*, parce que l'alphabet de ce caractère se réduit à un seul signe ayant la forme d'un coin ou triangle allongé; se combinant en divers sens et en nombres divers, il forme toutes les lettres de cet alphabet, qui n'est pas encore entiérement connu. Quelquefois les cylindres de cette espèce ne portent que des inscriptions. Ils n'en sont pas moins interessans pour l'histoire et l'archéologie.

§ V. *Critique des pierres gravées.*

13. L'art de discerner les pierres antiques d'avec les imitations ou les compositions modernes, est la partie la plus difficile de leur étude; les plus habiles connaisseurs s'y méprennent quelquefois; mais comme ces méprises ne sont graves que pour les pierres

d'un grand prix , on peut s'éclairer de l'avis
de ceux qui ont le plus d'habitude de ce
genre de monumens. On doit examiner d'a-
bord si la matière de la pierre fut connue et
travaillée par les anciens ; si elle provient
d'un gisement d'où ils purent en tirer pour
leur usage , et si les bons artistes l'employèrent. Le fini parfait du travail , la franchise
du dessin , la fidélité du costume, le fond
de la gravure bien poli et bien pur , sont
des indices assez certains d'antiquité ; quelqu'incorrection ou quelque faute même dans
le dessin , ne les contredisent pas ; une
gravure peu profonde , et même presqu'à
plat , n'est pas un ouvrage moderne , quoique la gravure antique soit souvent très profonde et le relief très haut. L'emploi de la
perspective rend une pierre très suspecte ,
les anciens ayant ignoré cette application de
la dioptrique ; ils se bornaient à graver plus
profondément la figure principale , afin
qu'elle sortit davantage dans les reliefs ; ils
savaient cependant produire dans les camées
une sorte de distribution d'ombres et de lumières. On a remarqué enfin que le méplat
(applatissement des parties rondes du corps

humain dans les figures), est un des principaux caractères des pierres antiques. Du
reste, les camées, dont on a fabriqué un
grand nombre dans les temps modernes,
sont en général plus suspects que les intailles. On conseille encore très particulièrement
l'examen attentif de la matière des pierres,
leur dureté, leur poids, leur saveur, leur
opacité et l'effet du tact; de les exposer aux
rayons du soleil pour s'assurer que leurs
couches sont naturelles, et que les inscriptions n'ont pas été ajoutées par des faussaires. On doit remarquer aussi qu'on a exécuté
un travail moderne sur des pierres antiques
découvertes toutes préparées. L'aspect des
pierres antiques est en général plus mat et
moins brillant que celui des pierres modernes; le sujet et les inscriptions sont d'un
grand secours pour aider à une distinction
qui résultera plus sûrement de l'usage et de
l'étude comparative des ouvrages anciens
avec les modernes, et d'un grand exercice
des yeux et du jugement. On a dit que la
cire s'attachait plus aisément aux pierres modernes qu'aux pierres antiques; mais cette
règle n'est pas certaine : la cire s'attachera

à une pierre d'autant plus fortement , que le
poli de la pierre sera moins parfait , qu'elle
soit antique ou moderne. Enfin on connaît
des pierres antiques qu'on a nouvellement
repolies , ce qui altère très sensiblement les
traits de la composition , et leur fait perdre
de leur prix.

§ VI. *Sujets des pierres gravées.*

14. Les sujets des pierres gravées, autres
que les portraits et les compositions de fan-
taisie , sont tirés de la mythologie , ou des
temps héroïques , ou des événemens historiques. On examinera donc si le sujet est
conforme aux rites , aux mythes et aux traditions qui sont consacrées , si les attributs
et le caractère des figures s'y rapportent
exactement , ainsi que les symboles acces-
soires. On doit remarquer cependant que
des sujets mythologiques inconnus ou difficiles à expliquer , prouvent plutôt en faveur
de l'antiquité de la pierre que contr'elle.
Les égyptiens ont été fidèles dans leurs ouvrages aux idées de leur nation , et leurs scarabées sont d'ailleurs en trop grand nombre

pour qu'on songe à les contrefaire si ce n'est sur des matières rares ou singulières ; mais dans ce cas, le tracé mal conformé des inscriptions décélerait bientôt le faussaire. Quant aux étrusques, le style de leurs ouvrages est un type d'authenticité qu'il n'est pas facile d'imiter, et qui ne peut tromper si on le combine avec les indices généraux exposés au précédent paragraphe. Les grecs ne traitèrent que des sujets pris de leur mythologie ou de leur histoire héroïque, et rarement d'événemens contemporains de la pratique de l'art. A Rome, les artistes s'adonnaient encore aux sujets grecs, et s'ils représentèrent un sujet de l'histoire romaine, ils mêlèrent toujours l'allégorie à l'histoire, et l'absence des figures allégoriques dans des sujets de ce genre, rend toujours la pierre très suspecte.

15. Les inscriptions sont ordinairement très courtes : elles sont des devises ou des noms propres. Ainsi, sur une cornaline représentant Hercule se reposant de ses travaux, on écrivit en grec cette sentence : « Le travail est la source d'un honorable « repos. » Quant aux noms propres, on a tiré de leur étude ces trois préceptes : sur les

pierres étrusques, c'est le nom du personnage qu'elles représentent ; sur les pierres grecques , c'est le nom de l'artiste ; sur les pierres romaines , le nom du propriétaire ou celui de l'artiste. Les inscriptions sont d'un grand secours pour l'examen de l'authenticité d'une pierre ; on doit donc s'attacher à ces inscriptions , examiner la forme des lettres , si elle est telle que les indiquent la nature des alphabets antiques , leurs variations et leur état pour l'époque à laquelle la pierre paraît remonter ; si elle est étrusque, les lettres doivent l'être aussi ; le vieux style grec exige les lettres de l'alphabet contemporain , et il en est de même pour les temps postérieurs : on trouvera à la IVe planche le tableau de ces alphabets. En général , les artistes grecs ont écrit leur nom au génitif , sous entendant les mots *ouvrage de* . . .

Une inscription ajoute au prix d'une pierre, mais les faussaires se sont particulièrement appliqués à ce genre de supercherie. Pour ne pas en être la dupe, on examine si la beauté du travail répond à la réputation de l'artiste ancien auquel on l'attribue , et dont le faire est connu par d'autres ouvrages ; si la matière , par sa beauté et par son prix , répond aux soins qu'avaient les meilleurs graveurs de ne travailler que sur les plus belles pierres. La manière dont les lettres sont gravées est aussi un bon indice; sur les plus anciennes , elles ne sont pas très soignées , et offrent même quelquefois maintes incertitudes. Cependant le fond est bien terminé , et le poli ne diffère point de celui de l'ensemble de la pierre ; le secours de la loupe est ici indispensable. Les inscriptions des pierres du siècle d'Auguste , sont remarquables par la beauté des lettres et leur parfaite exécution , quoique très petites. Les grands artistes ne laissaient à personne le soin d'y inscrire leur nom , ils voulaient que tout fût parfait dans leur ouvrage. Ces inscriptions , particulièrement celles du temps d'Auguste , sont terminées par des petits points ronds très égaux dans leurs proportions , leurs intervalles et leurs profondeurs ; ils sont en creux et faits à la bouterolle ; on pense qu'ils indiquaient la distance des lettres et l'intervalle de leurs jambages , afin de les rendre plus régulières. Il est presque superflu d'avertir que le mélange des lettres grecques et latines dans une inscription, dénonce au premier aspect l'ouvrage d'un faussaire, ainsi que la mauvaise orthographe des mots et des noms propres, trompés qu'ils étaient par la prononciation, comme pour le nom du graveur Dioscorides, qu'ils ont écrit ΔΙΟΣΚΟΡΙΔΟΥ au lieu de ΔΙΟΣΚΟΥΡΙΔΟΥ, comme le veut l'étymologie. Il en est de même si l'on a donné à la même lettre répétée, deux formes différentes qui appartiennent à deux époques de l'alphabet, tandis que la pierre ne peut être contemporaine que d'une seule : ainsi, le S grec, figuré par Σ et par C dans le même mot. On trouve quelquefois deux noms propres sur une pierre ; si le premier est au nominatif et le econd au génitif comme ΕΥΤΥΧΗΣ ΔΙΟΣΚΟΥΡΙΔΟΥ. *Eutichès.. de Dioscoride*, on voit que l'auteur de la pierre était le fils ou l'élève de celui qui porta le second nom ; si l'on y lit deux noms propres unis par la conjonction ΣΥΝ, *avec*, c'est que les deux artistes ont travaillé à la même pierre. Enfin, un artiste a ajouté à son nom celui de sa profession ΛΙΘΟ... *lithoglyphe* ; et d'autres, le nom de leur pays. Les noms des graveurs romains sont le plus souvent écrits en grec. Il est presqu'inutile d'ajouter qu'une pierre portant le nom d'un artiste dont l'époque est connue, et un sujet tiré des temps postérieurs à cet artiste, révèle aussitôt son évidente fausseté. Les plus habiles imitateurs des inscriptions antiques, parmi les artistes modernes, furent Flaviano Sirleti, Natter et Pichler, graveurs du 18ᵉ siècle. Le premier signa ses propres ouvrages, pour leur donner une apparence d'antiquité, des initiales de son nom en lettres grecques Φ.Τ.Σ. *Phlabiou tou Sirletou.* Pichler l'écrivit tout entier : ΠΙΧΛΗΡ. Natter traduisit le sien par le mot grec ΥΔΡΟΣ, et des antiquaires célèbres s'y sont laissé tromper. Souvent l'époque où vivait un lithoglyphe ancien n'est pas exactement connue ; son nom peut donner quelques approximations, et celui de Zosime, par exemple, rappellera le Bas-Empire, ce nom étant d'un usage plus fréquent à cette époque.

§ VII. *Collections glyptographiques chez les anciens.*

16. On a vu (§ 1ᵉʳ) les usages divers que

les anciens firent des pierres gravées , soit intailles , soit camées. Ils les employèrent aussi à l'ornement des plus précieux ouvrages de l'art et des ustensiles religieux. Une inscription grecque, publiée par Chandler , et qui est l'inventaire public du trésor déposé dans l'Opistodome du Parthénon à Athènes , indique clairement que des pierres gravées en faisaient partie. Une corne d'abondance en or et ornée de pareilles pierres, fut donnée par Auguste au temple de la Concorde, à Rome ; et l'éloquence de Cicéron contre Verrès a rendu célèbre un candelabre orné d'intailles ou [de camées , destiné par le roi Antiochus au temple de Jupiter-Capitolin. Au dire de Pline et de Suétone , César et Marcellus consacrèrent même des collections de pierres gravées aux temples de Vénus et d'Apollon , à Rome. Une autre collection , formée par le roi Mithridate , était célèbre par sa magnificence, dans l'antiquité même. Enfin Pompée et Scaurus avaient aussi de riches collections à Rome. Dans le Bas-Empire , les pierres gravées et les pierres précieuses étaient répandues à profusion dans les vêtemens des prin-

ces, des femmes et des riches particuliers ;
au moyen âge, elles étaient encore très recherchées, quand tous les autres monumens
antiques étaient méprisés ou inconnus. Le
sceau du roi Pépin était une pierre antique
portant la figure d'un Bacchus, et celui de
Charlemagne, un Sérapis. On en orna aussi
les bijoux des églises, les reliquaires, les
châsses des Saints, la reliûre des livres li-
thurgiques ; et ces monumens tout profanes,
dont le sujet n'était bien souvent rien moins
que pieux, concouraient à la splendeur du
culte chrétien. On doit à cet usage la conservation d'un grand nombre de pierres gravées et des plus belles ; car lorsque la barbarie eut anéanti les traces du goût et de la
pratique du bel art, les pierres gravées furent oubliées jusqu'en des temps meilleurs,
bien qu'assez tard on eût fabriqué en Orient
des camées et des intailles en pierres fines
ou en pâtes, représentant des sujets chrétiens tirés de l'Ancien et du Nouveau Testament, et portant quelquefois de longues
inscriptions grecques. Mais ces ouvrages ont
tous les défauts qui caractérisent cette époque d'agonie pour l'esprit humain. Au XVe

siècle, on tenta quelques essais en Occident pour restaurer la glyptique ; mais il fallait un mouvement plus général dans les esprits pour raviver la source du savoir et les efforts de l'intelligence. Les Turcs nous rendirent ce grand service, sans y penser ; et la glyptique, qu'on n'avait pas tout-à-fait oubliée à Constantinople, passa avec les lettres en Italie, où les Médicis les accueillirent avec une munificence qui est leur plus beau titre à la reconnaissance des hommes. Ils montrèrent un penchant particulier pour les pierres gravées, et les courtisans propagèrent ce goût, tout en ne songeant qu'à flatter celui de leurs maîtres. Jean et Dominique excellèrent dans la pratique d'un art qui était l'objet des plus grands encouragemens ; le premier grava en creux, le second en relief, tous deux avec un tel succès, qu'ils ne sont connus dans l'histoire que sous la dénomination de *Jean des Cornalines* et *Dominique des Camées*.

17. La gravure en pierres fines, qui renaquit en Italie au XVe siècle, y fleurit surtout dans le XVIe, déclina dans le XVIIe, et refleurit dans le siècle suivant. Cet art fut

importé en France par Matteo del Nassaro, qui y vint à la suite de Francois Ier, et Caldoré se distingua le premier parmi les artistes français en ce genre, dès le règne de Louis XIII. Mais la France nous semble pouvoir revendiquer avec toute raison une famille d'artistes nés français, à Figeac (Lot), celle des *Siriés*, qui se sont succédés de père en fils, comme graveurs de la galerie et à l'école des beaux-arts de Florence; ils y existent encore, et le talent de Louis Siriés est sur-tout loué par Giulianelli, comme ayant réussi à renfermer un grand nombre de figures dans un petit espace. D'autres artistes français se sont distingués dans la glyptique, par le mérite de leurs ouvrages: Julien de Fontenay, que l'on croit être le même que Caldoré ; Maurice, originaire du Milanais, mort en 1732 ; Barrier, mort en 1746 ; Jacques Guay, de Marseille, et M. Jeuffroy, membre de l'Institut. Cet art reprend, depuis quelques années, un nouvel essor, au moyen des grands prix fondés par la munificence royale et décernés chaque année par l'académie royale des beaux-arts. En Allemagne, la gravure en pierres fines

remonte au XVIe siècle, et les artistes de ce
pays prétendent au premier rang après les
Italiens. Ils font encore beaucoup d'armoi-
ries sur pierres dures. L'Angleterre cite aussi
quelques bons graveurs ; au premier rang ,
Thomas Simon , qui grava le portrait de
Cromwell , et quelques artistes vivans y
donnent aujourd'hui des preuves d'un mérite réel.

§ VIII. *Artistes anciens.*

18. Après cette légère esquisse de l'histoire de la glyptique jusqu'à nos jours, nous
devons revenir au sujet principal de ce Résumé , la Glyptographie des anciens. Le
nombre des artistes de cette époque, qui ont
signé leurs ouvrages, est assez considérable,
et nous en donnons ici une nomenclature
abrégée, par époque. Elle est d'une utilité certaine, autant pour l'histoire de l'art que pour
l'étude des monumens mêmes , sur-tout par
l'indication des principaux ouvrages de chaque artiste et de leurs marques particulières. On pourra par-là reconnaître les copies
anciennes ou modernes de leurs produc-

tions. On n'a recueilli le nom d'aucun des artistes égyptiens ou étrusques. La liste s'ouvre par les artistes grecs, et l'histoire écrite place en tête Théodore de Samos, qui avait gravé l'anneau de Polycrate. Pline le considère comme l'inventeur du tour; mais on peut remarquer à cet égard que les ouvrages égyptiens exigeant les mêmes procédés, c'est encore à ce peuple qu'une pratique antérieure doit faire rapporter la découverte de tous ces moyens mécaniques. Afin de donner à la liste qui suit toute son utilité, nous marquerons d'une astérisque * les noms des graveurs dont aucun ouvrage ne nous est parvenu.

1. *Graveurs Grecs antérieurs au siècle d'Alexandre.*

* THEODORE de Samos; l'anneau de Polycrate.
* MNÉSARQUE, père de Pythagore.
LYSANDRE; un guerrier armé (vieux style), avec le nom du graveur en lettres rétrogrades de l'ancien alphabet grec. Lanzi croyait que ce nom était plutôt celui du guerrier même.
HEIUS; une Diane chasseresse (vieux style grec).
PHRYGILLUS; un amour sortant de l'œuf.
THAMYRUS; un sphinx qui se gratte.

2. *Graveurs Grecs, depuis Alexandre jusqu'à Auguste.*

ADMON; Hercule buveur et vieux. (AΔ.)
APOLLONIDES; un bœuf couché. (Fragment.)
POLYCLÈTE, de Sicyone; Diomède enlevant le Palladium. (Sujet très souvent reproduit.)
PYRGOTELES, seul autorisé à graver le portrait d'Alexandre; tête d'Alexandre; têtes de Phocion. (Douteuses.)
TRYPHON; les noces de l'Amour et de Psyché.
* CHRONIUS; Terpsichore debout. (Imitée par Onésas et Allion.)

3. *Graveurs Grecs du siècle d'Auguste.*

ACMON; un Auguste.
QUINTUS ALEXA; deux jambes. (Fragment.)
COEMUS ou COENUS; Adonis; un faune
AGATHOPUS; tête d'un vieillard romain.
AULUS; un cavalier grec; quadrige; tête de Diane, d'Esculape; des amours, etc. (Il paraît qu'il y eut plusieurs graveurs de ce nom.)
CNEIUS; un baigneur avec le strigile; un athlète se frottant avec de l'huile; plusieurs portraits d'une très belle exécution.
DIOSCORIDES (d'Ægée, en Asie-Mineure), le plus célèbre de l'époque; deux bustes d'Auguste; le portrait de Mécène ou de Cicéron; Mercure voyageur; l'enlèvement du Palladium; Persée regardant la tête de Méduse; tête d'Io, Mercure portant un bélier, (chefs-d'œuvre de l'art); Démosthènes; Thalie; Minerve.

EPITYNCHANUS; tête de Sex. Pompée; Bellérophon. (EIII.)

* **AGATHOPUS**, nommé avec le précédent dans les inscriptions funéraires des domestiques de la maison d'Auguste, avec le titre d'*Aurifex*.

EUTYCHÈS, fils ou élève de Dioscorides.

ONÉSIDÉMOS; tête de Minerve.

SOLON; tête de Cicéron ou de Mécène.

4. *Graveurs Grecs postérieurs à Auguste.*

Temps de Tibère.

ÆLIUS; tête de Tibère.

N . . . .; Apothéose d'Auguste.

N . . . .; Apothéose de Germanicus.

Temps de Caligula.

ALPHÉE et **ARÉTHON** ont gravé plusieurs ouvrages en commun; Germanicus et Agrippine; le jeune Caligula.

ALPHÉE seul; triomphe d'un roi barbare, traîné dans un *bige*, et couronné par la Victoire.

Temps de Titus.

EVODUS; portrait de Julie, fille de Titus; une tête de cheval.

NICANDRE; autre portrait de Julie.

Temps d'Adrien.

ANTIOCHUS; Minerve guerrière; portrait de Sabine (douteux pour l'attribution à cet artiste).

ANTÉROS ; Hercule ou un esclave portant un bœuf.

HELLEN ; Antinoüs sous la figure d'Harpocrate.

Temps de Marc-Aurèle.

ÆPOLIEN ; portrait de Marc-Aurèle.

ÆPOLIUS (ΦP) ; Bacchus dans le délire de l'ivresse.

Commencement de la décadence de l'art.

GAURANUS et ANICETTUS ; combat d'un dogue contre un sanglier, si ces deux noms ne sont pas celui du dogue *Gauranus l'invincible.*

5. *Graveurs Grecs dont l'époque est incertaine.*

AÉTION ; tête de Priam.

AGATHÉMÉROS ; tête de Socrate. (Peut-être contemporain de Polyclète.)

ALLION ; une muse, ou bien Sparta, fondatrice de Sparte, s'accompagnant de la lyre ; tête d'Apollon. (On lui attribue sans fondement le cachet de Michel-Ange.)

APELLE ; un masque scénique.

APOLLODOTE ; une Minerve. (Son style annonce l'époque de l'art antérieure à Auguste.)

APOLLONIUS ; Diane des montagnes, un flambeau à la main.

ASPASIUS ; tête de Minerve, et deux autres ouvrages sur jaspe rouge. (2ᵉ siècle de J.-C.)

ATHÉNION ; Jupiter foudroyant les Titans.

AXIOCHUS ; un faune jouant de la lyre devant un enfant ; un croissant entre les deux.

CARPUS; Bacchus et Ariane; Hercule et Iole.

DIPHILUS; un vase, avec deux masques au-dessus de l'anse. (Inscription suspecte.)

EUPLUS; un amour monté sur un dauphin.

EUTHUS; Silène, au milieu des amours, jouant de la lyre.

HYLLUS; taureau dionysiaque; Hercule jeune; tête de femme, tête de vieillard barbue, les deux portant le diadême. (Antérieur à Auguste.)

MIDIUS; combat d'un griffon contre un serpent. (Fragment.)

MITHRANE ou MITHRIDATE (MIΘ); tête de cheval.

MYRTON; une Léda.

NICOMAQUE; un faune assis sur une peau de tigre.

ONÈSAS; Léda; une muse; Hercule couronné d'olivier.

ONÉSIMOS; tête de Minerve.

PAMPHILE; Achille jouant de la lyre.

PHILÉMON; Thésée considérant le minotaure qu'il a abattu.

PERGAME; une jeune bacchante.

PLOTARQUE; l'Amour porté sur un lion. (Paraît antérieur à Auguste.)

SCYLAX; tête d'aigle; Hercule *Musagète*.

SELEUCUS; tête de Silène.

SOSTHÈNES; une belle Méduse.

SOSTRATES; Victoire dans un *Bige*; Cupidon qui dompte deux lionnes attelées à un char.

SOTRATE; Méléagre présentant à Atalante la tête du sanglier de Calydon

TEUCER; Iole et Hercule. (Paraît antérieur à Auguste.)

6. *Graveurs Romains.*

AQUILAS; Vénus au bain : l'Amour lui présente
    un miroir.
FÉLIX ; l'enlèvement du Palladium. (On le croit
    affranchi de Calpurnius-Severus.)
QUINTILLUS ; Neptune, sur une aigue-marine.
RUFUS ; figure de Ptolémée VIII ; l'Aurore con-
    duisant un quadrige.

7. *Graveurs présumés du Bas-Empire.*

CHOERÉMON ; une tête de faune.
NICÉPHORE ; un Mercure.
PHOCAS ; un pancratiaste et un vaisseau dans
    l'éloignement.

On remarque, à l'égard des pierres gravées romaines, 1° qu'un grand nombre portent des noms
propres romains; mais ces noms sont considérés
comme étant plutôt ceux des propriétaires de ces
pierres, que le nom même des graveurs; 2° que
l'ouvrage le plus remarquable parmi ceux qui appartiennent à l'époque du Bas-Empire, est celui qui
est nommé *Saphir de Constance*, qui est dans une
collection particulière à Florence. Il représente
l'empereur Constance attaquant un sanglier dans
les environs de la ville de Césarée, en Cappadoce.

§ IX. *Pierres gravées célèbres.*

19. Quelques pierres gravées antiques ont
obtenu de la célébrité par la perfection du

travail, par la beauté ou le volume de la matière. On cite parmi les *intailles*, le Démosthènes, l'Io, le Persée et le Mercure de Dioscorides, le taureau d'Hyllus, l'Hercule de Cneius, la Méduse de Solon, la Julie d'Evodus et quelques autres. Une autre intaille en cornaline, quoique de petites proportions, n'est pas moins réputée, parce qu'elle a été le *cachet de Michel-Ange*, et elle est connue sous cette dénomination. Le sujet est une vendange, et à l'exergue on voit un pêcheur à la ligne. Cette cornaline a donné lieu à beaucoup de recherches et à des opinions contradictoires, même à l'égard de l'interprétation du sujet. Ceux qui la croient antique, considèrent la figure du pêcheur comme le symbole parlant du graveur grec Allion (Ἁλιεὺς, le pêcheur); d'autres y voient au contraire la marque de Maria *di Pescia*, célèbre graveur et ami de Michel-Ange, et l'ouvrage serait ainsi des temps modernes. Cette pierre est au cabinet du roi à Paris, et l'on n'ose pas décider entre des sentimens si opposés. Parmi les camées, on remarque particulièrement celui qu'on appelle de la *sainte chapelle* et qui est dans le

même cabinet. C'est une sardonyx apportée
d'Orient par le comte Baudouin, et remise à
la sainte chapelle par le roi Charles V. Elle
présente trois scènes dans sa hauteur ; on en
a donné diverses explications, et nous adop-
tons celle de M. Mongez (*iconographie romaine*, tom. II) qui voit dans la scène supérieure l'apothéose d'Auguste, dans la scène
intermédiaire, la réunion des personnes de
la famille de Tibère qui furent revêtues du
sacerdoce institué pour le culte d'Auguste,
et dans la dernière scène, des captifs de
toutes les nations vaincues ou subjuguées par
les principaux personnages de la seconde
scène. Le camée de Vienne est moins grand
que celui de Paris et ne présente que deux
scènes, mais il est d'un travail plus fini, et
n'est point fragmenté ; il a passé, de l'abbaye
de Poissy, en Allemagne, et il représente l'a-
pothéose d'Auguste avec sa femme Livie,
et accompagné de toute sa famille. Derrière
le prince sont Neptune et Cybèle qui paraissent être les symboles de sa puissance sur
terre et sur mer. Le musée de Vienne pos-
sède encore d'autres camées magnifiques, notamment ceux qui représentent Oreste Ma-

tricide, le char de Neptune, Rome et Auguste, une aigle impériale, Claude et sa famille, Ptolémée Philadelphe avec une des deux Arsinoé ses femmes. On cite aussi comme un chef-d'œuvre de l'art, le camée de Jupiter Egiocus (porte-égide) trouvé à Ephèse, et qui avait passé momentanément de la bibliothèque de St. Marc de Venise à Paris. D'autres camées du cabinet du roi de France, sont également dignes d'être remarqués, et tels sont l'apothéose de Germanicus, Agrippine et Germanicus sous la figure de Cérès et de Triptolème, Ulysse publié par Millin dans ses *Monumens inédits*, des portraits de Tibère, Claude, Marc-Aurèle, Faustine, Hadrien, Antinoüs ; enfin l'admirable pierre où Visconti a reconnu Ptolémée-Evergéte II et la reine Bérénice ; mais ce grand camée est formé de la réunion de plusieurs pierres, et les colliers donnés à chaque figure, cachent ce singulier arrangement.

20. Quelques auteurs, en parlant des pierres gravées, ont aussi parlé des *vases* ou *coupes* en pierres précieuses, sans doute à cause de l'analogie des matières propres aux deux genres de monumens ; mais il aurait

fallu aussi , si l'on voulait se conformer entièrement à cette règle, comprendre dans cette
nomenclature les figurines et autres objets
antiques faits de cornaline , lapis , améthys-
te , etc. Il nous a semblé que la destination ,
l'origine et la spécialité dans chaque genre
de monument, ne permettaient pas d'adopter
cet ordre , et nous avons dû nous réserver
de revenir sur les coupes en pierres fines ,
dans la section de ce volume qui traitera
des meubles et ustensiles civils ou religieux.

§ X. *Collections modernes et leurs descriptions.*

21. L'exemple donné en Italie par les Médicis , trouva des imitateurs dans les autres
parties de l'Europe, qui s'éclairèrent successivement de toutes les lumières répandues
par la renaissance des lettres. Des collections
de pierres gravées antiques furent formées
dans divers lieux par les princes , les riches
particuliers , les savans et les artistes. Les
Croisés en avaient rapporté beaucoup de l'O-
rient ; Peiresc , qu'il faut toujours nommer
toutes les fois qu'il s'agit pour la France de re-

monter aux causes de sa résurrection littéraire, Peiresc fit chercher dans l'ancien monde
les pierres gravées en même temps que les
inscriptions, les manuscrits et les médailles ;
il propagea ce goût par ses exemples. Les
rois de France en avaient donné de très précieuses à des églises et à des abbayes; ces
riches ouvrages entrèrent bientôt dans le
trésor de la couronne , dans les cabinets
royaux et dans ceux des princes ; et dès le
XVIe siècle plusieurs collections jouissaient
d'une célébrité méritée. Le temps a dispersé
les unes et augmenté les autres; et, dans l'état
actuel des choses, on cite comme les plus remarquables , parmi les collections publiques,
celles de la galerie de Florence, dont on
porte le nombre des pierres à plus de quatre
mille ; du Vatican à Rome, du roi de Prusse,
de l'empereur d'Autriche, du conseil de Leip-
zic, du roi de Danemarck au château de
Rosenburg à Copenhague, de l'empereur de
Russie qui contient les cabinets de Natter et
d'Orléans ; et, parmi les cabinets qui n'appartiennent pas à des souverains, on cite
les anciennes collections Strozzi et Ludovici
à Rome, Poniatowski en Russie, celles des

ducs de Bersboroug, de Devonshire, de Carlisle, de Bedfort et de Marlborough en Angleterre, et celles de M. le duc de Blacas, de M. le comte Pourtalès et de M. le baron Roger à Paris. On trouve dans les unes et dans les autres de très beaux ouvrages antiques ou modernes. Quelques amateurs des deux derniers siècles, à l'exemple de Laurent de Médicis, ont fait graver leur nom sur des pierres antiques comme signe de propriété; on raconte même que le célèbre Maffei se donna d'abord beaucoup de peine pour interpréter les lettres LAVR. MED. qu'il trouvait sur quelques pierres de Laurent de Médicis, grand-duc de Toscane.

22. Les savans s'adonnèrent bientôt à l'interprétation des pierres gravées, et Leonardo Agostini en publia, dès le commencement du dix-septième siècle, un recueil qui a eu depuis d'autres éditions; celui de La Chausse parut à Rome en 1700, celui de Gorlée fut réimprimé à Leyde de 1695 à 1707, enfin le recueil d'Ebermayer, à Nuremberg en 1720. Des érudits traitèrent aussi quelques points spéciaux d'antiquité par le secours des pierres gravées, et s'attachèrent

à quelque classe particulière de ce genre de monumens, tels que Chifflet aux abraxas, Passeri aux pierres astrifères, et Ficoroni à celles qui portent des inscriptions ; mais bientôt après parurent les *muséographies* ou descriptions particulières des plus célèbres cabinets, et tels sont les grands ouvrages connus sous les titres de *pierres gravées*, de Gori, de Bossi, le *museum florentinum* du même Gori, la galerie de Florence par Vicar et Mongez, le *museum Odescalchum* par Galeotti, la description des pierres en creux du cabinet du roi par Mariette, celle des pierres du duc d'Orléans par Leblond et Lachaux, du cabinet de Vienne par Eckhel, des cabinets de Gravelles, de Crassier; de Stoch par Winckelmann ; du duc de Marlborough, enfin la description du cabinet impérial de St. Pétersbourg par M. Koehler, et la collection dont Millin commença la publication sous le titre de *pierres gravées inédites tirées des plus célèbres cabinets de l'Europe*, et qui se continue à Paris par livraisons de format in-8°. D'autres archéologues se sont occupés aussi des pierres gravées, soit spécialement, soit dans des ou-

vrages relatifs à diverses branches de l'archéologie, et de ce nombre sont le P.
Montfaucon dans son Antiquité expliquée,
le comte de Caylus dans son grand et important Recueil, et parmi les étrangers, Ama-
duzzi, Rasponi, Vivenzio, Lippert et
Raspe. Enfin des savans justement renommés ont exposé avec plus ou moins d'étendue les élémens même des études glyptographiques, ou leur bibliographie; tels sont,
pour ce dernier point, Millin (1797), et de
Murr (Dresde, 1806), et pour les rudimens
de la science, le sénateur Vettori (Rome,
1739), Busching (Hambourg, 1781), Al-
dini (Césène, 1789), Eschembourg (Berlin, 1787), Millin (Paris, 1795 et 1797),
enfin M. de Koehler (St. Pétersbourg en
1810).

§ XI. *Empreintes.*

23. Le goût général pour la glyptographie et l'impossibilité pour les amateurs et
les artistes, de visiter tous les cabinets, ont
fait imaginer les collections d'empreintes de
pierres gravées, tirées en plâtre, en soufre
et autres matières quelquefois combinées

ensemble. Excepté pour la nature même de la pierre, ces empreintes sont une image complète du monument et servent aussi bien que l'original aux recherches de l'historien, de l'artiste et de l'archéologue. On a donc multiplié ces empreintes, et formé des collections systématiques très utiles pour l'étude de la glyptographie. Pikler composa une collection d'empreintes des plus belles pierres, mais il ne publia pas le catalogue raisonné qu'il devait y joindre. Lippert a porté une collection plus générale d'empreintes jusqu'à quatre mille, et le savant catalogue qu'il en a dressé est un travail très utile pour leur étude. Après lui Tassie, à Londres, augmenta encore la série systématique des empreintes et l'éleva jusqu'à quinze mille ; Raspe en a donné le catalogue, et l'illustre Heyne expose, dans son éloge de Winckelmann, toute l'utilité de ces recueils d'empreintes, si leur choix est fait avec quelque soin, si l'on se garde de mêler les ouvrages modernes avec les pierres antiques, enfin si l'on indique exactement la nature de la matière, la forme et les dimensions de la pierre, et le cabinet où elle se trouve. On fait aussi des collections d'empreintes , plus ou moins nombreuses , à Rome et dans d'autres lieux d'Italie; elles sont devenues un objet de commerce , et il est rare que les voyageurs instruits quittent cette contrée classique sans emporter avec eux quelques boîtes qui remettent journellement sous leurs yeux l'image fidèle de quelques-uns des chefs-d'œuvre de l'art des anciens.

§ XII. *Classification des pierres gravées.*

24. Pour terminer ce que nous avions à dire sur les généralités de l'étude des pierres gravées , il ne nous reste plus qu'à parler de leur classification méthodique. Comme pour toutes les autres classes de monumens antiques , on doit avoir égard à leur origine ; on formera donc autant de grandes divisions que ces origines seront diverses, par les peuples auxquels elles se rapportent , et ces grandes divisions seront au nombre de cinq, savoir : Pierres Asiatiques , Pierres Égyptiennes , Pierres Étrusques , Pierres Grecques et Pierres Romaines. C'est dans chacune de ces grandes divisions que chaque

pierre doit être placée d'après un système méthodique, sur lequel des auteurs accrédités ne se sont pas accordés en tout point. Passeri est celui qui est entré dans de plus grands détails à cet égard, mais les grandes collections sont très rares, et son plan, par son étendue, n'est applicable qu'à celles de ce genre. Il nous a donc semblé qu'en combinant les systèmes proposés jusqu'ici, on pourrait parvenir à un résumé également convenable aux grandes comme aux petites collections. Les circonstances y apportent d'ailleurs des modifications inévitables; et comme il s'agit principalement dans l'étude des pierres gravées, de connaître les arts et les opinions des anciens, leur histoire, leurs croyances religieuses, et les productions variées de leur esprit et de leur imagination, la méthode qui se prêtera le plus à d'utiles comparaisons par les analogies, à d'évidentes interprétations par des rapprochemens, sera aussi celle qui nous conduira le plus sûrement à ce but important.

25. On peut donc, après avoir déterminé les cinq grandes divisions déja indiquées, procéder à une classification spéciale par

peuple, sans distinction des intailles d'avec les camées, sans rejeter même les pâtes antiques remarquables pour le sujet ou le travail. Les pierres gravées *asiatiques* sont peu nombreuses, et peuvent être comprises sous les trois dénominations de mythologiques, historiques, sujets variés ou inconnus, et les pierres qui ne portent que des inscriptions appartiennent à l'une ou à l'autre des deux premières classes. Les pierres *égyptiennes*, sur lesquelles il n'existe encore aucun système certain de classification, parce que l'interprétation de leurs sujets ou de leurs inscriptions ne pouvait pas précéder la découverte de l'alphabet des hiéroglyphes, exigent plus de détails qu'il ne nous est permis d'en présenter dans ce paragraphe ; on les trouvera sous le N° 27 ci après qui traitera spécialement de la glyptographie égyptienne. Les pierres gravées *étrusques* sont aussi en petit nombre et quelques-unes se mêlent intimement par leur sujet à l'histoire des Grecs. Mais le travail tout-à-fait étrusque, les range de droit, parmi les ouvrages des anciens peuples de l'Italie, et en fait une classe à part de toutes les autres. Les pierres étrusques forment donc une division particulière et sans distinction de la forme des pierres, taillées en scarabée ou non. Les trois divisions proposées pour les pierres asiatiques, et qui se rapportent à la mythologie, à l'histoire ou bien à des sujets variés ou inconnus, suffisent à la glyptographie des étrusques. Les pierres *grecques* et *romaines* forment deux séries caractérisées par la différence des époques, qui en établit une très positive aussi dans les sujets, les origines et l'état de l'art. Mais les grandes analogies qui existèrent dans les systèmes religieux, les mœurs, les usages et l'état moral des deux peuples, permettent d'appliquer la même classification à la glyptographie de l'un et de l'autre. Le tableau suivant peut en renfermer au moins les élémens essentiels ; à l'égard des pierres *chrétiennes*, il est bon de remarquer qu'elles sont l'ouvrage d'artistes grecs ou romains : l'unité dans le but exige aussi l'unité dans la classification, et il suffit de ranger les sujets selon l'ordre chronologique.

PIERRES GRAVÉES

GRECQUES ET ROMAINES,

EN CREUX OU EN RELIEF.

MYTHOLOGIQUES.	Tout ce qui se rapporte aux dieux, aux demi-dieux et aux prêtres : figures et symboles, inscriptions religieuses et morales, sacrifices, vœux, temples, autels, objets consacrés, ustensiles des temples et des cérémonies.
HISTORIQUES.	Traits d'histoire, sujets et monumens civils et militaires, inscriptions, trophées, portraits connus, (*appendice*, portraits inconnus), devises et sentences, souhaits tenant aux usages de la vie, professions diverses et leurs attributs.
PHYSIOGRAPHIQUES.	Représentation des objets naturels : animaux, végétaux, astres.
CHIMÉRIQUES.	Chimères, ou assemblage de parties prises de divers animaux, caprices, compositions de pure invention, ne se rapportant ni à la religion, ni à l'histoire, ni à la représentation de la nature ; caricatures ou *Grylli*.
CHRÉTIENNES.	Tous les sujets, portraits et inscriptions tirés de notre religion : sectes diverses ; pierres *Basilidiennes*, à figures ou inscriptions.

SECTION SECONDE.

Glyptographie des divers peuples anciens.

26. Après les principes généraux de la glyptographie, il est utile d'entrer dans

quelques détails particuliers sur les productions de cet art, qui nous sont parvenues de chacun des peuples anciens considérés comme formant l'antiquité classique et l'ensemble des origines pour notre occident. On trouvera donc dans les paragraphes de cette section, des notions spéciales sur les pierres gravées, égyptiennes, étrusques, grecques et romaines, les particularités qu'on y doit essentiellement remarquer afin de ne point se méprendre sur leur authenticité, la véritable expression du sujet, les caractères du travail, et leur classification. Nous ne pouvons point parler de la glyptographie des Gaulois : aucun monument de ce genre ne nous est parvenu de ce peuple célèbre, et l'histoire écrite ne nous dit pas qu'il ait connu ou pratiqué l'art dont ces monumens sont le produit.

§ Ier *Glyptographie égyptienne.*

27. La forme la plus générale des pierres gravées égyptiennes est celle du *scarabée* posé sur une base ovale applatie, et c'est la surface extérieure de cette base qui

a reçu la gravure. Cette base est percée
dans le sens de sa longueur. L'insecte en est
plus ou moins détaché, selon que l'ouvrage
est plus ou moins soigné, quelquefois il
n'y tient que par l'extrémité de ses pattes,
plus souvent il adhère entièrement à la base
qui n'est alors qu'indiquée par un trait
creusé sur le contour de la pierre. Par cette
disposition, les scarabées égyptiens sont
tout à la fois *intailles* et *camées*; et il est à
remarquer que souvent l'exécution en relief
de la figure de l'insecte, est d'une perfection
qui ne laisse rien à désirer, c'est le portrait
accompli de l'individu vivant, le *scarabée
sacré*, tel que M. Cailliaud l'a rapporté de
la Nubie. Les élytres, ou ailes supérieures
du scarabée en pierre, sont ordinairement
unies, et quelquefois striées.

28. La gravure proprement dite a été
exécutée selon divers procédés qu'il est utile de remarquer et de distinguer avec précision; ils sont très soigneusement décrits
dans l'ouvrage publié sous le titre de *Choix
de pierres gravées antiques égyptiennes et persanes* (Paris 1817, in-4), par M. L.-J.-J.
Dubois, qui porte dans la reproduction

des monumens de l'antiquité par le dessin ,
une fidélité malheureusement trop rare et
qui ne peut être que le fruit des plus sérieu-
ses études. On ne saurait avoir un meilleur
guide et nous le suivons ici dans l'exposé
des divers procédés que pratiquèrent les
graveurs égyptiens. 1° *Gravure linéaire* ;
c'est une ligne peu profonde qui forme le
contour de l'objet représenté ; 2° *gravure
en creux ;* elle consiste dans l'enfoncement à
plat de tout l'espace contenu entre les
contours d'une figure quelconque ; 3°
gravure en relief , c'est la gravure ordinaire
du camée , mais les égyptiens lui donnaient en général peu de relief ; 4° *gravure en relief dans le creux* , la figure de l'objet est gravée en relief très bas , dans la
profondeur d'un creux pris sur une surface
unie , et sans enlever le champ de cette surface qui le dépasse ainsi fort peu en éléva-
tion ; 5° *gravure de cachet* , c'est le procédé
ordinaire pour les *intailles* ou gravures en
creux, pour reproduire le sens vrai de l'objet
par une empreinte en relief. On doit observer
à l'égard de ce cinquième procédé , que les
inscriptions hiéroglyphiques s'écrivant éga-

lement de droite à gauche et de gauche à droite, *l'intaille* et son *empreinte* sont également lisibles dans les deux sens; la gravure de cachet ne s'appliquera donc, à l'égard des égyptiens, qu'aux inscriptions en caractères *hiératiques* ou *démotiques*, qui s'écrivaient invariablement de droite à gauche, et dans le sens contraire sur les cachets destinés à les reproduire dans leur tracé régulier par leurs empreintes. M. Dubois a publié, au frontispice de l'ouvrage précité, un amulette qui porte une inscription démotique; mais on ne connaît pas jusqu'ici de cachet égyptien, proprement dit, portant, en sens inverse, une inscription hiératique ou démotique.

29. L'usage, chez les Égyptiens, des pierres gravées en scarabées est jusqu'ici fort incertain, et mon frère promet sur ce sujet un travail qui éclaircira un point encore obscur et important de l'archéologie de ce peuple célèbre. Le nombre des pierres gravées de ce genre est si considérable, elles sont exécutées sur des matières si différentes, si précieuses ou si communes, que la difficulté semble se compliquer en propor-

tion. Un fait certain, c'est que les égyptiens portèrent des scarabées en bague ; on en connaît déjà plusieurs montés sur or pour cet usage, et l'anneau traverse l'épaisseur de la base du scarabée, de manière à le laisser tourner sur cette espèce d'axe. Mais quoique tous les petits scarabées soient ainsi percés, ils peuvent avoir été employés à d'autres usages que le temps nous fera connaître, et notamment aux colliers des vivans et des morts.

3o. La grandeur des scarabées varie de quelques lignes à deux ou trois pouces, et l'on verra plus bas que la diversité de ces dimensions, sert à établir plusieurs classes de scarabées considérés par rapport à leur usage. Les Égyptiens y employèrent, outre les pierres fines et les matières dures, outre le bois et l'ivoire, des substances communes plus ou moins travaillées : 1° une argile blanche ou grisâtre, seulement séchée au soleil, ou cuite ; 2° l'argile blanche très fine, cuite, et diaprée d'une *couverte* grise, violette, brune, verte, blanche, ou bleu de turquoise : c'est ce qu'on appelle généralement terre émaillée ou porcelaine égyptienne; 3° des argiles colorées dans leur masse, cuites et gravées ensuite comme les pierres fines; 4° des verres de diverses couleurs. Les scarabées de ce genre étaient poussés au moule, terminés avant d'être séchés ou cuits, au moyen de l'ébauchoir, ou seulement ébarbés; enfin la gravure en creux a été quelquefois remplie soigneusement d'un mastic noir qui dessine ainsi les objets en silhouette dans le champ du scarabée, resté blanc. On connait des scarabées de matières diverses qui ont été dorés avec un soin tel, que la trace des traits les plus déliés des signes et figures conserve toute sa vigueur.

31. L'usage des scarabées appartient à toutes les époques de l'histoire de l'Égypte; l'étude et l'explication de leurs inscriptions, au moyen de l'alphabet des hiéroglyphes, ont fait reconnaître les noms des rois de très anciennes dynasties égyptiennes, remontant même à dix siècles avant la guerre de Troie; on y a retrouvé aussi les noms des Ptolémées qui régnèrent en Égypte, comme héritiers d'Alexandre; enfin les noms des empereurs romains, jusqu'à Commode inclusivement. L'usage des scarabées subsista donc

tant que vécut la nation égyptienne ; les conquérans qui s'y succédèrent , se firent un devoir de respecter sa religion et ses usages ; leur politique s'enorgueillit peut-être d'une tolérance qui ne fut au fond qu'une nécessité. Il est donc possible d'établir un ordre chronologique dans la classification des scarabées de ce genre , et c'est déjà une utile ressource dans l'étude de monumens aussi nombreux. Il existe aussi un autre mode de classification fondé entièrement sur les dimensions des scarabées.

32. Les *grands* et les *petits* scarabées forment en effet deux classes spéciales , déterminées par l'usage même qu'on fit des uns et des autres. On classe parmi les grands , ceux qui ont depuis environ un pouce jusqu'à trois de longueur , et l'on a reconnu par la comparaison de ces monumens et l'étude de leurs inscriptions , que les *grands* scarabées étaient *funéraires ;* on voit même sur des papyrus tirés des momies, la figure de ces grands scarabées parmi les divers objets tracés sur ces rituels mortuaires. On en a trouvé aussi sur les momies, soit au centre de leurs colliers , soit attachés sur

leur poitrine, ou enfin occupant le milieu
des figures hiéroglyphiques formées par des
émaux de diverses couleurs, sur l'espèce
de tablier en treillis d'émail qui couvre les
plus riches. C'est ce qui explique pourquoi
on trouve de grands scarabées dont le haut
de la base se prolonge, ou qui sont percés
d'un ou plusieurs trous qui les traversent
en long, en large ou dans l'épaisseur de la
pierre ; ces trous servaient à les attacher
par des fils ou cordons, au col, au collier,
ou bien à les lier avec le treillis des tabliers
en émail. Leurs inscriptions sont une légende funéraire ou une prière pour le défunt,
telles qu'on l'a tracée, figurée ou répétée sur
les momies, les papyrus, les figurines et autres objets relatifs au culte des morts ; il n'y
a le plus souvent que les noms propres de
changés, car ces légendes contiennent ordinairement ceux du défunt et sa filiation ;
quelquefois un cartouche royal en donne l'é-
poque, mais les grands scarabées qui portent
cette date sont rares, et ils doivent pour
cela être plus recherchés que ceux qui ne la
portent pas. Pour les uns et pour les autres,
la grandeur, la matière et le travail doivent

toujours être pris en considération pour apprécier leur valeur. Enfin on trouve beaucoup de scarabées de ce genre qui n'ont pas reçu la gravure et ne paraissent pas avoir servi comme amulette funéraire ; quelques-uns aussi ont du *blanc* dans l'inscription ; c'est la place des noms du défunt, qui manquent dans la légende, ce qui prouve d'abord l'universalité de l'usage des scarabées pour les morts, et de plus qu'ils étaient préparés d'avance par des ouvriers d'après un type consacré : on ajoutait ensuite les noms du mort auquel le scarabée était destiné. Quelques uns de ces grands scarabées sont très finement terminés ; il y en a dont les élytres de l'insecte sont ornées de figures, quelquefois le corselet en a aussi ; enfin la tête du scarabée a été remplacée par une tête humaine. Ce sont des singularités assez rares et qui donnent plus de prix à la pierre antique.

33. Les *petits* scarabées sont incomparablement plus nombreux que les grands, et plus intéressants aussi pour l'étude de l'ancienne Égypte ; ils sont des documens tres précieux pour les annales et la chronologie ; la

matière des scarabées de ce genre, n'entre
pour rien dans la considération de leur utilité ou de leur prix. On y trouve la représentation des divinités égyptiennes sous
leurs trois formes (V. Tom. 1ᵉʳ, page
132, § 105 à 112), des symboles religieux,
des légendes, des inscriptions et des emblêmes sacrés ou civils, des noms de rois,
de reines et de simples particuliers, des ornemens variés, des animaux et des plantes ;
enfin on a reconnu quelquefois des dates et
des nombres exprimés en chiffres dans leurs
inscriptions. La diversité des sujets indique
naturellement la classification des petits scarabées ; elle les distingue en scarabées *mythologiques*, pour tous les sujets, figures ou
inscriptions qui se rapportent à la religion ;
scarabées *historiques*, tous ceux qui portent des cartouches ou noms royaux, des
noms de simples particuliers, ou des figures relatives aux usages civils ; scarabées
physiographiques, ceux où l'on a gravé des
animaux ou des plantes qui ne font pas
partie de la nomenclature des symboles
consacrés ; scarabées *variés*, ou portant
seulement des ornemens dont la critique

archéologique ne donne encore aucune interprétation fondée.

34. On trouve de petits scarabées faits de toute matière ; on doit rechercher principalement ceux qui portent des cartouches ou encadremens elliptiques occupés par des hiéroglyphes qui sont toujours le nom d'un roi ou d'une reine, soit le prénom symbolique du roi, dont le premier signe est pour tous le disque du soleil, soit le nom propre du roi ou de la reine, et quelquefois la circonférence elliptique de la pierre forme elle même le cartouche. Ce sont ces noms royaux qui donnent tant d'intérêt aux petits scarabées ; on y en trouve qui sont ceux de quelques Pharaons dont l'époque historique remonte au de-là de celle des plus anciens monumens connus de l'architecture égyptienne ; les scarabées ayant multiplié les cartouches de leurs noms, ces noms ont pu échapper plus facilement à toutes les causes de destruction, et la dureté des matières a pu concourir aussi à leur conservation dans les décombres d'où on les retire aujourd'hui. Les plus anciens scarabées sont presque tous de matières

très communes , et les hiéroglyphes sont exécutés sans finesse. Le nom qui se rencontre le plus fréquemment sur ceux de l'époque postérieure à l'invasion des Pasteurs, est celui du grand roi Mœris de la XVIIIe dynastie (il régna dans le XVIIe siècle avant J.-C.), et dont le prénom royal se compose de trois signes seulement : le disque du soleil, un mur crénelé et la figure du scarabée. On peut donc avec une collection de scarabées , former une série chronologique des noms des rois d'Egypte , depuis la plus haute antiquité jusqu'au second siècle de l'ère chrétienne. La suite des travaux de mon frère sur les monumens hiéroglyphiques , et mes recherches sur leur chronologie, mettront bientôt les élémens complets de cette étude et de la classification des scarabées selon l'histoire, entre les mains des archéologues et des amateurs éclairés; ces élémens résulteront des *Lettres à M. le duc de Blacas* , relatives au musée de Turin. (1) Nous terminerons cet article par un vœu : que les posses-

(1) La première et la seconde Lettre comprennent la seizième dynastie et les suivantes, jusques et y compris la vingtdeuxième. (*Paris*, chez Firmin Didot, in-8°, avec 16 planches.) La troisième lettre complétera ce travail jusqu'aux Romains.

seurs de collections de scarabées veuillent bien les publier par la gravure ou la lithographie; c'est un service qu'ils ne doivent pas refuser à l'archéologie égyptienne. M. de Steinbüchel, conservateur du musée impérial à Vienne, a donné à cet égard un exemple qui trouvera sans doute des imitateurs (1). (*Cartouche du roi Mœris, Pl. III, Fig.* 3 *et* 4.)

§ II. *Glyptographie étrusque.*

35. La glyptique des étrusques éprouva les mêmes vicissitudes que tous les autres arts du dessin chez cette ancienne nation Italienne; et ce qui a été dit plus haut (tom. Ier, page 122, § 97,) sur les caractères particuliers de son style, s'applique également aux pierres gravées qui sont son ouvrage. On les reconnaît encore à deux autres marques distinctives, 1° à la forme de scarabée, qui leur est assez ordinaire, 2° à un grainetis, formé de points en creux qui cernent le champ de la pierre. L'opinion

(1) Scarabées égyptiens figurés, du musée des antiques de S. M. l'empereur. *Vienne*, Strauss, 1824, in-4°, avec 5 planches contenant 319 sujets.

commune est que les étrusques imitèrent
des égyptiens cette forme du scarabée, et qu'ils
la connurent, soit par leurs relations avec la
Sicile où les ouvrages égyptiens parvinrent
de très bonne heure, soit par Pythagore
qui avait visité l'Égypte et étudié ses institutions, ou par ses élèves qui lui succédèrent dans la partie méridionale de l'Italie où
cet illustre philosophe avait fondé son école ;
et l'on a déjà vu que l'usage des pierres de
ce genre, remonte en Égypte à plusieurs
siècles avant le plus ancien ouvrage étrusque connu. D'ailleurs les pierres de ce dernier peuple n'ont pas toutes la forme du scarabée.

36. Les Étrusques gravèrent à la fois en
intaille et en camée ; leurs scarabées le dé-
montrent pour eux comme pour les Égyptiens, en remarquant toutefois que les scarabées des Étrusques ont moins de relief et
sont moins terminés que les scarabées
égyptiens. Les pierres étrusques qui portent
des inscriptions sont aussi nombreuses que
celles du même peuple qui n'en portent pas,
et ces inscriptions sont d'un grand secours
pour authentiquer l'origine de la pierre, les

lettres de l'alphabet étrusque ayant des formes particulières qui ne se trouvent pas toutes dans l'ancien alphabet grec, tel qu'il nous est connu par les monumens, et étant tracées de droite à gauche, avec quelques exceptions à cette règle pour les ouvrages du troisième style. Les pierres étrusques sont toutes percées de part en part dans le sens de leur longueur; et Winckelmann n'osa pas décider si cette perforation des pierres prouvait qu'elles furent montées sur anneau pour servir de bagues, ou si elles furent seulement employées à des colliers ou comme amulettes. On a trouvé depuis, dans des tombeaux étrusques, des bagues ainsi montées; il ne reste donc plus d'incertitude sur l'emploi des pierres à cet usage, et Visconti a prouvé aussi que ces bagues servirent de cachet.

37. Pour les pierres gravées comme pour les autres productions de l'art des Étrusques, on a reconnu trois époques dans leur style. (Voy. t. Ier, pag. 122, § 97.) On considère comme les plus anciennes celles de ces pierres où toutes les masses d'une figure sont simplement indiquées par des ronds creusés au

moyen de la bouterolle. Ce travail grossier annonce l'enfance de l'art ; mais les faussaires en ont fait de nombreuses imitations ; ils ont mis aussi sur leurs contrefaçons le grainetis qui entoure le champ de la pierre , et les amateurs doivent se garantir de ces supercheries. On a imité aussi les inscriptions antiques : l'examen des pierres authentiques et la connaissance approfondie des divers styles étrusques, sont les meilleurs préservatifs contre de pareilles fraudes.

38. Les inscriptions qui se lisent sur les pierres étrusques sont toujours, comme on l'a déjà dit plus haut, les noms des personnages figurés sur ces pierres; il n'y a que très peu d'exceptions à cette règle générale, et elles ne dérivent même que de l'ignorance où l'on est quelquefois sur le sens de ces inscriptions. Il est sans doute très digne de remarque que les ouvrages de la glyptique des *Étrusques*, interprétés jusqu'ici, représentent pour la plupart des sujets *grecs*, tirés soit du système religieux , soit de l'histoire héroïque de ces mêmes grecs, et des évènemens qui ont été les précurseurs ou la conséquence de la guerre de Troie. On com-

prend en effet qu'après cette guerre mémorable, les princes qui avaient perdu leurs états par leur longue absence, aient cherché un refuge sur les côtes de l'Italie, et intéressé les artistes de cette contrée à travailler sur les faits de l'histoire grecque ; il en résulte que c'est hors de la Grèce qu'on trouve les plus anciens monumens relatifs à son histoire, et ce fait remarquable peut servir de base à la classification des pierres de travail étrusque, en les distinguant en 1° PIERRES ÉTRUSQUES, *Sujets étrusques*, 2° PIERRES ÉTRUSQUES, *Sujets grecs*.

39. Celles de la première classe sont moins nombreuses que les autres ; on cite comme les plus remarquables : 1° une agathe du Musée royal de Florence, où sont figurés deux hommes debout, ayant la barbe, un voile couvre leur tête et descend sur les épaules, une tunique courte est *armoiriée*, l'une d'un cheval marin, l'autre d'un triton ; ils portent sur leur épaule droite un bâton auquel six boucliers sont suspendus : on y a reconnu deux prêtres saliens ou deux de leurs ministres ; en haut on lit, en lettres étrusques, et de droite à gauche, ALLIVS, en bas, ALCE.

5

2° Un scarabée, en cornaline, du cabinet
du roi de Prusse : un homme debout, la tête
couverte d'un bonnet, ayant un bâton à ses
côtés, tient de la main gauche un sac ou espèce de vase, d'où il semble tirer les sorts ;
derrière lui est écrit NATIS, et Winckelmann
y a vu quelqu'allusion à la famille de Nautes, compagnon d'Ænée. 3° Un guerrier,
moitié homme, moitié dauphin, la tête casquée, un bouclier d'une main, la haste de
l'autre, et pour inscription MILALAS...A.
On a reconnu dans cette intaille un des
Tyrrhéniens qui, dans le voisinage de Naxos,
furent changés en dauphins par Bacchus.
Lanzi pense, au contraire, que le héros bi-
forme est plutôt Glaucus, l'un des argo-
nautes, métamorphosé en dieu marin. 4° La
belle pierre du cabinet du roi, à Paris, souvent publiée, et représentant un homme
assis sur un tabouret devant une table à trois
pieds, où sont trois petits corps ronds qu'il
semble mouvoir avec la main droite, tandis
qu'il tient dans la gauche une tablette char-
gée de deux colonnes de signes, qui sont
des lettres de l'alphabet étrusque. M. Orioli,
de Bologne, reconnaît dans l'inscription de

la pierre, qu'il lit ABCAR, le mot *Abacus* avec une terminaison étrusque; l'homme assis ferait donc des calculs au moyen de l'*abaque*, et les figures de la tablette seraient des chiffres où M. Orioli voit les nombres 500, 100, 10, 50 et 5, les quatre premiers répétés sur les deux colonnes de la tablette; il en déduit aussi le système numérique des Étrusques, et ces résultats seraient d'une haute importance pour l'étude de l'archéologie étrusque. Mais il resterait moins de doutes sur les principes avérés de cette étude, si le sens des inscriptions était plus certain, et c'est ici une des grandes difficultés que les érudits doivent s'occuper spécialement à surmonter, s'il est possible.

40. Les sujets grecs en présentent bien moins, parce que la mythologie et l'histoire héroïque de ce peuple sont plus généralement connues; mais il est indispensable de se familiariser avec l'orthographe particulière adoptée par les artistes étrusques pour les noms propres grecs, et quelquefois même ces noms ne sont indiqués que par un monogramme composé de plusieurs signes combinés. Les sujets grecs les plus connus, parmi les pierres travaillées

par les Étrusques, sont relatifs à Hercule,
et son nom est écrit, de droite à gauche,
avec les lettres étrusques correspondantes
aux lettres latines HRCLE; à Persée PERSE;
à Tydée TVTE; à Thésée THESE; à Pelée
PELE; à Ulysse VTVSSE (les Grecs disaient ODVSSES); à Achille, AXELE,
AXILE et AKILES; à Ajax AIVAS, V ou
F signe euphonique ou *digamma*. D'autres
pierres portent des noms inconnus, et la
plus belle parmi les ouvrages étrusques,
celle aussi que Winckelmann considère
comme un des plus anciens ouvrages de la
glyptique en Occident, est la célèbre cornaline de l'ancien cabinet de Stoch, aujourd'hui
au cabinet royal de Berlin, et qui représente
un conseil tenu par cinq des héros grecs
qui s'armèrent pour l'expédition contre
Thèbes; trois, sans armes, sont assis, et les
deux autres, armés de toutes pièces, sont
debout; les noms des héros, écrits à leurs
côtés, ne laissent aucun doute sur le sujet
de cette magnifique intaille; ce sont Am-
phiarée, AMPHTIARE; Polynice, PHVLNI-
CES; Tydée, TVTE; Adraste, ATRESTHE
et Parthénopée, PARTHANAPAE. On trouve
aussi quelques noms romains sur des pierres

attribuées aux Étrusques par le style et le travail. Une cornaline, publiée par Caylus , porte les lettres VIBIASF écrites de droite à gauche autour de la figure d'un guerrier mourant; Lanzi y lit VIBIA SEXTI FILIA, et le guerrier mourant pourrait être le père même de Vibia , mort à l'armée , et dont la fille aurait adopté la figure pour son cachet. L'examen du travail de la pierre peut seul décider s'il appartient réellement à l'art étrusque, et si l'inscription est de la même époque. Nous avons déjà dit que les faussaires se sont particulièrement appliqués à imiter les formes primitives des lettres ; on ne saurait donc se tenir trop en garde contre leurs frauduleuses spéculations.

41. Nous terminerons ce résumé sur la glyptographie des Étrusques , en faisant remarquer, dans l'intérêt général de l'histoire des arts du dessin chez ce peuple , que Lanzi diffère essentiellement de l'opinion de Winckelmann, et sur l'origine de ces arts, et sur leurs époques principales en Italie. Lanzi n'admet pas une école proprement étrusque, et qui ait produit des ouvrages avant la venue des colonies grecques en Italie ; il sup-

pose que les Grecs de ces colonies furent les
maîtres des Étrusques ; que la renommée
des héros grecs pénétra en Italie avec les
poésies d'Homère, et qu'il y eut au moins
un intervalle de trois siècles entre Homère
et les premiers ouvrages étrusques, ceux
du moins qui offrent des sujets tirés de l'histoire hellénique. Lanzi considère donc les
Étrusques comme les élèves des Grecs,
toutefois sans qu'ils se soient soumis à une
imitation servile des travaux de l'école
grecque, et il faut choisir entre les opinions
contraires de deux hommes célèbres par leur
goût et leur érudition dans les arts et dans
les lettres. Mais Lanzi a trouvé aussi des
contradicteurs parmi les savans des divers
pays, qui lui reprochent un enthousiasme
empyrique pour les Grecs, au détriment de
la gloire des anciens peuples de l'Italie. Il y
a bien des choses en effet, dans les monumens de la vieille Italie, qui ne sont pas
grecques, et dans les pierres gravées en particulier, la forme du scarabée, que les Étrusques n'imitèrent pas du moins des artistes
grecs qui ne l'employèrent jamais. D'ailleurs l'Italie orientale put-elle ignorer les

grands événemens qui se passèrent dans la Grèce, et les guerres de Thèbes, et la guerre de Troie, et les princes grecs que cette expédition priva de leurs états, et les poètes antérieurs à Homère? Pourquoi encore les plus anciens monumens de l'histoire grecque sont-ils d'un travail reconnu pour étrusque, et non pas grec? Beaucoup de villes de l'Étrurie sont antérieures à la fondation de Rome ; Rome prit dans ces villes ses institutions toutes faites, et la fondation de Rome, époque secondaire dans l'histoire de la civilisation des Italiens, est antérieure à la première colonie grecque venue en Italie avec Phalante ! L'autorité des faits nous induit donc à reconnaître l'Italie cultivant les arts et les lettres avant la venue des colonies grecques, une école italienne que ces colonies ne créèrent point, et des monumens qui, sortis de cette école, sont parvenus jusqu'à nous. L'opinion de Winckelmann assure donc très légitimement aux Étrusques une place honorable parmi les nations de l'antiquité qui, antérieurement à l'influence des colonies grecques, complétèrent leur civilisation par la culture des arts et des lettres.

§ III. *Glyptographie des Grecs.*

42. Pline a pensé que les anneaux servant de cachet n'étaient pas connus par les Grecs à l'époque de la guerre de Troie, et Plutarque a dit le contraire, se fondant sur ce que Polygnote avait peint Ulysse avec un anneau ; mais l'opinion de Polygnote ne tranche pas la question sur un fait antérieur de sept siècles à l'époque de ce peintre ; et, ne devant pas nous occuper ici de l'origine de la glyptique chez les Grecs qui purent la connaître bien avant la guerre de Troie, par les colonies venues de l'Égypte où cet art était pratiqué depuis long-temps, nous dirons seulement que la plus ancienne pierre gravée de travail grec, est la cornaline du cabinet de Berlin, où est représentée la mort du héros spartiate Othryades, événement qui est du 6e siècle avant l'ère chrétienne. L'inscription gravée sur le bouclier est aussi en caractères grecs tracés de droite à gauche ; le travail de la pierre est très soigné, les figures ont de l'expression, mais le dessin est dur et plat, l'attitude gênée et sans grâce :

c'est le vieux style grec. Le célèbre anneau de Polycrate, ouvrage de Théodore de Samos, et qu'Auguste croyait avoir retrouvé dans un temple de la Concorde à Rome, où on le montrait aux curieux, était de la même époque ; la pierre de Berlin est ainsi le plus ancien modèle qui nous reste de la glyptique des Grecs, et le travail de l'anneau de Polycrate devait avoir avec elle beaucoup d'analogie : ce style est le type de l'époque. Cette pierre est gravée dans la *Description du cabinet de Stoch*, par Winckelmann (p. 405).

43. La glyptique suivit, chez les Grecs, le progrès et la décadence de l'art. Le nombre des pierres gravées grecques est très considérable, et quelques-unes sont justement célèbres pour leurs perfections. Leur époque se déduit de leur style, dont les caractères successifs ont déjà été exposés (tome Ier, p. 55.) Mais il est à remarquer que les artistes des temps postérieurs s'appliquèrent souvent à imiter les formes du style primitif, et même le grainetis circulaire, sur-tout pour représenter les dieux : la sévérité de ces formes, selon Démétrius de Phalère, donnant plus de grandeur et de gravité à ces

représentations, ils tâchèrent de les imiter dans les masses et dans les détails du costume, la barbe, les cheveux ordinairement séparés en plusieurs tresses. On cite particulièrement ce procédé à l'égard des figures de l'*Espérance*, dont les pierres gravées présentent trois exemples. Si les pierres d'imitation de l'ancien style portent une inscription, elle est un moyen de critique par la forme des lettres et l'orthographe, et si cette inscription est le nom du graveur, l'époque connue de celui-ci avertit suffisamment que son travail n'est qu'imité de l'ancien style.

44. Les pierres gravées grecques sont, en général, de forme ovale, et la pierre a peu d'épaisseur ; le travail est dans le sens de la hauteur ou de la largeur, selon l'espace que le sujet exige ; quelquefois la surface gravée des *intailles* est un peu concave, l'artiste y trouvant quelque facilité pour raccourcir ses figures. Dans les *camées* le relief produisant une espèce de perspective, le choix des pierres était quelquefois déterminé par certains rapports de leur couleur avec leur sujet ; pour *Proserpine*, les pierres noires ; pour *Neptune* et les *Tritons*, l'aigue marine ;

Bacchus, l'améthiste ; *Marsyas écorché*, le jaspe rouge, etc. : cette observation de Millin sera peut-être confirmée par l'étude d'un plus grand nombre de pierres antiques. Les Grecs s'appliquaient particulièrement à donner à leurs pierres le *poli gras* ou *mat*, qui est un caractère essentiel de leurs ouvrages, et qui ne reflète pas comme le poli brillant des modernes.

45. On a déjà dit qu'un nom gravé sur une pierre grecque doit être généralement considéré comme celui de l'artiste qui l'a exécutée. Il en est ainsi des pierres de la belle époque de l'art en Grèce, et des pierres travaillées par les Grecs chez les Romains. Ce nom est plus généralement au génitif qu'au nominatif ; du moins il est rare que le même artiste mette son nom tantôt au premier cas, tantôt au second, et celui qu'il a adopté pour un bel ouvrage, il l'a conservé presque toujours dans tous les autres. Si donc une pierre porte son nom, il n'est pas indifférent d'examiner la désinence de ce nom : c'est un motif de confiance dans l'authenticité de la pierre, ou bien de suspicion. Il n'y a qu'un exemple du nom d'un

artiste grec écrit en lettres latines : c'est celui de *Diphilus*.

46. Toutes les pierres gravées grecques ne furent pas des chefs-d'œuvre ; il y en a même d'un travail très médiocre, et un artiste pouvait n'exceller que dans un genre spécial, dans le nu, les draperies, l'expression ou la grâce. L'une de ces qualités recommande toutefois un ouvrage ; les grands artistes seuls en ont perfectionné toutes les parties. Souvent ils gravaient leurs figures très profondément, et quelquefois très légèrement. Dioscorides excellait à donner un très léger relief à ses figures : cette grande difficulté vaincue est un des grands mérites de ce graveur. Les Grecs s'adonnaient plus généralement à la gravure en creux qu'à la gravure en relief, et ils suppléaient à la perspective, dans les intailles, par le plus ou moins de profondeur qu'ils donnaient à leurs diverses parties. Ils ne multipliaient pas les figures dans un sujet, ne les y accumulaient pas, et ils ont montré une grande habileté dans la représentation des animaux. Enfin ils ont préféré le nu aux figures drapées, et ils ont traité les sujets mythologi-

ques ou héroïques de préférence à ceux de l'histoire contemporaine.

§ IV. *Glyptographie des Romains.*

47. L'art de la glyptique dut être connu à Rome, d'abord par les Étrusques, et ensuite par les Grecs. Il n'y eut donc pas d'école romaine proprement dite , et il paraît qu'à toutes les époques de l'histoire du peuple-roi , sa turbulence martiale lui fit considérer la culture des arts comme une profession digne des esclaves , des affranchis , ou des étrangers qu'il avait soumis. Mais dès qu'il connut la Grèce et l'Asie, il en rechercha les plus beaux ouvrages. Les graveurs grecs furent attirés à Rome ; ils y traitèrent des sujets de l'histoire grecque , à laquelle les Romains voulaient bien s'intéresser ; et lorsqu'ils figuraient dans leurs ouvrages quelques traits de l'histoire romaine, ils ajoutaient ordinairement à la composition purement historique , des expressions allégoriques qui montraient le génie de l'artiste dans ce genre d'invention, et relevaient son ouvrage au-dessus d'une simple imita-

tion de la nature. Mais, pour avoir été travaillés à Rome, ces ouvrages de graveurs grecs ne cessent pas d'appartenir à l'école grecque, qui subsista jusqu'à la décadence de l'empire d'Orient, en suivant toutefois les vicissitudes et l'abaissement de l'art.

48. Quelques artistes *romains* s'adonnèrent aussi à la glyptique, et nous avons déjà cité les noms des plus célèbres : le goût qui s'était généralement manifesté pour les pierres gravées parmi les grands de l'empire, les collections formées par quelques riches citoyens, l'usage général des cachets en bague, excitèrent l'émulation des artistes romains, qui réussirent à composer de très beaux ouvrages. On pourrait croire cependant que les ouvrages des Grecs avaient plus de faveur dans l'opinion des amateurs, puisque les artistes romains affectaient de donner une apparence grecque à leurs productions, en y gravant leurs noms latins en lettres grecques. Quelques auteurs pensent que, dès le temps de Marc-Aurèle, les meilleurs ouvrages sont dus à des artistes romains.

49. Autant les Grecs s'attachèrent à re-

présenter le nu , autant les Romains montrèrent de goût pour les figures drapées. Les pierres gravées faites à Rome portent en général les marques de cette préférence ; et Dioscorides lui-même , si fidèle d'ailleurs au goût de sa nation, fit un Mercure drapé. Cette exigence romaine fut très défavorable au bel art , et les pierres gravées exécutées à Rome se ressentent de cette influence fâcheuse : le mérite des ouvrages ne s'y remarque plus. Le dessin ne cesse pas d'être correct ; mais il n'y a plus dans la composition ni élégance ni génie. L'idéal, qui anime les figures grecques , ne s'aperçoit plus dans les figures romaines , et l'art semble décliner peu à peu vers une imitation trop servile. On suit les traces de sa dégradation par l'examen des pierres gravées qui sont les portraits de Lucius Verus , Gordien , Maximien , Probus et Constantin.

5o. Les pierres gravées portant une inscription sont plus communes parmi les ouvrages romains que parmi ceux des Grecs , et ces inscriptions romaines sont de cinq sortes : 1° le nom de l'artiste ; 2° le nom du personnage qu'il a représenté ; 3° plus ordinairement, le nom du propriétaire de la pierre; le nom de celui qui en a fait présent à une autre personne; 5° les vœux, les souhaits, les expressions affectueuses qui accompagnaient ce présent, comme : *multis annis*, (*vivas* sous-entendu,) *ave*, *amor meus*, et les acclamations relatives aux jeux du Cirque.

§ V. *Glyptographie du Bas-Empire.*

51. Dans le *Bas-Empire*, quand tous les arts périssaient, la glyptique se conserva et leur survécut même ; elle était inséparable de l'art de graver les coins pour les monnaies. On connaît donc une assez grande quantité de pierres gravées dans le Bas-Empire; la plupart sont remarquables par la grandeur des onyx, et nous avons déjà cité le *saphir de Constance*, ainsi nommé parce qu'il représente l'empereur Constance chassant au sanglier dans les environs de Césarée de la Cappadoce. Les pierres gravées de ce temps présentent toutes les difformités du style du Bas-Empire.

52. Bientôt la glyptique, en se perpéuant au sein de la barbarie, fut adoptée

par les *chrétiens* pour reproduire les objets consacrés par leur religion. Ils portaient aussi des bagues dont les pierres représentaient ces objets, et l'on a recueilli des bagues de ce genre dans les plus anciens cimetières des chrétiens ; leurs sarcophages portent, dans leurs bas-reliefs, des figures ornées de colliers, de bracelets, de boucles d'oreilles et de bagues composées de métaux précieux et de pierres gravées. Les pierres chrétiennes qui portent des inscriptions ne sont pas rares. Mais les sujets les plus ordinaires sont tirés de l'ancien et du nouveau Testament ; on peut même les classer d'après deux époques ; pour la première on peut remonter jusqu'à Ève, qui a été figurée sur un lapis-lazuli ; pour la seconde époque, ou le nouveau Testament, les sujets qu'il a fournis sont encore plus nombreux que pour la première, et l'ordre chronologique est ici le meilleur pour une classification méthodique. On distinguera cependant, parmi les pierres chrétiennes, 1° les sujets *historiques*, ou représentant les portraits et les actions du Christ, de la Vierge, des Apôtres et des Saints, sans emblèmes ni allégories ; 2° les sujets *symboliques*, tels

que le vaisseau, symbole de l'église même,
l'ancre, le poisson; 3° les pierres *inscrites*,
qui sont très communes, et contenant les
noms du Christ, des saints, et les formules
secrètes consacrées parmi les chrétiens, telles
que 1° le mot ΙΧΘΥΣ, qui signifie *poisson*,
symbole tout chrétien, et qui de plus contient toutes les lettres initiales de la légende
du Christ *Jésus-Christ fils de Dieu*, *sauveur*,
le Ιησους Χριτος Θεου Υιος Σωτηρ; 2° le monogramme du Christ fait des lettres XP grou-
pées ; 3° enfin des acclamations telles que
celle-ci, IOANNES VIVAS IN DEO.

53. Aux connaissances littéraires et mythologiques indispensables pour l'étude de la
glyptographie, on doit ajouter des notions
suffisantes de lithologie, afin de bien distinguer les matières, non-seulement pour
apprécier sous ce rapport une pierre gravée,
mais encore pour la critique de ce genre de
monument par rapport aux anciens qui n'ont
pas connu toute la lithologie des modernes,
et qui ne purent employer que les productions des pays où leurs relations s'étendaient
alors. Ce point est assez essentiel, parce que

les plus habiles faussaires ont employé quelquefois des matières occidentales provenant
de régions d'où les anciens ne purent jamais
en tirer, et la fraude se déclare d'elle-même par
un tel fait bien avéré. Certaines pâtes antiques
ou modernes, imitent aussi les matières naturelles si parfaitement, que l'on peut s'y
méprendre ; mais l'épreuve de la pesanteur
spécifique et de la dureté de la matière, si l'é-
tude de la lithologie nous a donné ces notions
élémentaires, nous préservera de toute sur-
prise ; c'est ainsi que les sciences s'éclairent
mutuellement, et l'on voit ici comment la connaissance de la minéralogie, de la physique
et de la chimie peuvent être utiles à l'archéologue qui semble ne se vouer d'abord qu'à l'é-
tude des productions immatérielles du génie
des anciens. Les pierres gravées antiques sont
portées quelquefois à un si haut prix, que
l'on ne saurait prendre trop de précautions
pour s'assurer d'abord de leur authenticité,
de leur pureté native , beaucoup de circonstances concourant à leur ôter de leur valeur.

Les notions qui sont réunies dans cette quatrième division de notre résumé , sont celles
que l'étude et l'expérience semblent avoir

confirmées ; chaque pierre gravée exige en quelque sorte un examen particulier qui peut même ajouter quelque chose aux élémens de cette étude difficile ; ceux que nous venons d'exposer ne pourront, par leur généralité même, manquer d'être utiles aux artistes , aux amateurs et aux archéologues. Tel est du moins le but que nous avons tâché d'atteindre par ce précis.

PALÆOGRAPHIE ou INSCRIPTIONS.

SECTION PREMIÈRE.

De la Palæographie en général.

§ Ier. *But et Utilité de son étude.*

54. La science des *inscriptions antiques* se nomme *palæographie*, (de πχλαιὸς, ancien et γράφειν, écrire). Ces inscriptions sont isolées, ou bien tracées sur quelque monument d'architecture, de sculpture etc., sur les vases, les peintures ou les médailles. Nous parlerons de ces dernières dans la division suivante qui traitera de la *numismatique* ; dans la troisième, relative aux productions de la peinture des anciens, nous avons réuni les principales notions concernant les inscriptions qui les accompagnent quelquefois : nous n'avons donc à parler dans ce chapitre que

des inscriptions proprement dites, contenant les textes mêmes de lois, décrets, comptes publics, dédicaces, vœux, éloges, relations et documens historiques, épitaphes, etc. Les grecs donnaient en général aux inscriptions les noms d'*épigraphe* ou d'*épigramme*; les Romains les nommaient *inscriptio*, *titulus*, *marmor*, *lapis*, *monumentum*, *memoria*, *tabula*, *mensa*, *epitaphium*, etc., selon leur destination et la nature du texte qu'elles présentaient.

55. L'importance de l'étude des inscriptions antiques n'a pas besoin d'être exposée longuement; elle est supérieure à celle des médailles mêmes, par l'étendue des documens qu'elles fournissent à la critique historique; les inscriptions sont les véritables archives des annales des anciennes nations; ce sont des *instrumens* contemporains des événemens et des hommes dont ils nous transmettent le souvenir. Rien ne saurait être plus authentique et plus digne de confiance, au moins pour le fond général des faits que les passions humaines ont pu altérer en quelque point, mais non pas supposer absolument; leur individualité même excite cette con-

fiance, et leur exposition publique durant des siècles à l'aspect de populations nombreuses intéressées à les contredire , leur donne un caractère de vérité et une sanction générale que n'inspirent pas toujours les relations d'écrivains qui pouvaient avoir des intérêts contraires dans le même fait historique. Dans tous les temps , les auteurs des inscriptions ont pu s'abandonner à une manière de voir particulière pour caractériser le fait ; cette manière de voir n'est qu'une interprétation, arbitraire peut-être , mais le fait subsiste indépendamment de l'interprétation ; ce fait est un élément certain de l'histoire où il doit se classer , et il n'y a pas d'inscription d'où l'on ne puisse en tirer quelques-uns d'une utilité plus ou moins grande : l'étude de la palæographie, ou au moins la connaissance de ses résultats, est donc le premier devoir de l'historien des peuples de l'antiquité.

56. Il y trouvera les notions les plus positives sur la chronologie, la géographie, les systèmes religieux, le gouvernement civil , les lois et l'administration, l'état des castes et des individus , la filiation des familles il-

lustres, les mœurs, les usages, les préjugés même des anciennes sociétés ; sur tout ce qui se rapporte à l'organisation de ces sociétés, les magistrats, les revenus publics et leur emploi ; à l'organisation militaire, leurs guerres et leurs alliances ; enfin les principaux modes de leur vie intellectuelle, leurs progrès dans quelques parties des sciences, leurs langues, leurs dialectes et leurs systèmes graphiques ; et c'est aux incriptions que la critique de l'histoire est redevable de la plupart des corrections qui ont répandu la lumière sur les passages obscurs des grands écrivains de l'antiquité, ou rectifié leurs assertions erronées.

§ II. *Matières qui portent des inscriptions.*

57. Toutes les matières solides connues des anciens furent employées par eux pour *écrire* ou *graver* les inscriptions : le bois, des plantes, l'argile, les pierres et les roches, les métaux, l'ivoire et des matières artificielles, mais sur-tout le bronze en Grèce et dans l'empire romain, pour les inscriptions d'un intérêt général. On connaît des inscriptions

1º *écrites*, c'est-à-dire simplement tracées au pinceau sur des matières dures, et le plus grand nombre a été observé en Égypte sur des parties de temples, des pierres brutes, ou des fragmens de poterie; 2º *gravées*, dont les lettres sont tracées en *creux* sur la pierre ou le métal; toutes les inscriptions grecques, étrusques, romaines et gauloises, sont faites d'après ce procédé; les Égyptiens seuls firent des inscriptions en *relief*; 3º *ajustées*, ou composées de lettres en bronze, travaillées isolément, et attachées ensuite par des crampons au monument qu'elles décoraient. Ces inscriptions ont disparu presque toutes par l'effet du temps ou les entreprises de la cupidité; mais la place des crampons en tient lieu en quelque sorte : c'est ainsi que le savant Séguier, au moyen d'un relevé fidèle des trous de ces crampons, qu'on voit sur le fronton de la Maison Carrée de Nîmes, est parvenu à reconnaître le trait de chaque lettre, et à restituer l'inscription en bronze de ce monument. Par ce moyen ingénieux, appliqué à d'autres constructions antiques, on a obtenu le même succès.

§ III. *Intérêt relatif des inscriptions.*

58. Le goût des voyages a multiplié les inscriptions, et l'on en connaît aujourd'hui de presque tous les grands peuples de l'antiquité, des Chinois, des Indous, des Phéniciens, des Perses, de Babylone, de Palmyre, de Carthage, de l'Espagne primitive, et des peuplades du Nord. Mais pour rester fidèle au plan de ce résumé, nous ne parlerons ici en détail que des monumens des cinq peuples qui ont été l'objet du premier volume, et considérés comme les plus en rapport avec l'érudition classique ; non pour vouloir diminuer le mérite des autres monumens dont nous ne pouvons nous occuper que sommairement, nous proclamons au contraire toute leur importance, mais afin de soumettre cet ouvrage à l'unité de plan que le lecteur doit souhaiter d'y reconnaître. Nous dirons donc, quant à l'intérêt relatif des inscriptions, qu'au premier rang se placent les plus étendues, parce que de la multiplicité des mots doit résulter aussi la multiplicité des faits qu'on peut y re-

cueillir, et parce qu'il est rare qu'un texte de plusieurs lignes ne soit pas autre chose que l'effet d'un intérêt privé ou la narration d'une action indifférente. Nous plaçons sur le même rang, et peut-être devrait-on les considérer comme d'une importance plus générale, les inscriptions *bilingues* ou *trilingues*, dont le texte est exprimé en deux ou plusieurs langues à la fois, l'un étant la traduction de l'autre. Telles sont ; 1° l'inscription trouvée à Eugubium et qui est en étrusque et en latin ; 2° la célèbre inscription de Rosette, en égyptien et en grec. On voit tout de suite quel est l'intérêt sans pareil des monumens de ce genre, dont le texte, en une langue connue, est la traduction du texte voisin écrit en une langue et avec un alphabet qu'on ne connaît pas. On doit à de tels monumens la découverte de plusieurs alphabets anciens, et la critique littéraire a su trouver des moyens de pénétrer ces mystères avec toute certitude. Le plus sûr moyen est de s'attacher aux noms propres, parce qu'ils s'expriment par les mêmes sons dans toutes les langues. Il est certain que les lettres qui les forment dans l'alphabet connu , sont remplacées par des signes *homo-phones* ou ayant le même son , quoiqu'a-vec des formes différentes , dans l'alphabet inconnu; on réunit ainsi un petit nombre de signes d'abord ; il s'augmente par la multi-plicité des noms propres , et , en concluant d'un alphabet à l'autre comparés , on par-vient à reconnaître tout entier l'alphabet qui était d'abord ignoré. C'est ainsi que mon frère a découvert l'alphabet des hiérogly-phes ; et il est à remarquer dans cette mé-thode toute logique , que, dans les alpha-bets anciens , qui sont tous *phonétiques* ou composés de signes de sons, à l'exception des écritures égyptienne , chinoise, japonaise, etc. , l'alphabet déduit des *noms* propres et appliqué aux autres *mots* de la même écri-ture , ne suffit pas toujours pour recon-naître le sens d'un texte écrit. L'alphabet ainsi reconnu , sert bien à transcrire en lettres latines tous les mots de cette *écriture*, mais ces mots ne disent rien, si on ne con-naît pas en même temps la *langue* qu'ils con-stituent. Cela n'est pas arrivé pour les écri-tures de l'Égypte , parce que la langue égyp-tienne subsiste encore dans les livres imprimés ou manuscrits des *Coptes* qui sont les descendans des anciens Égyptiens et qui ont conservé cette langue jusqu'à l'avant dernier siècle. Au contraire, la connaissance de la plupart des signes alphabétiques de l'écriture cunéiforme n'a conduit qu'à la lecture de quelques noms propres, parce que les langues dont cette écriture retrace les mots, se sont perdues, et ces mots sont sans signification pour nous, excepté ceux qui appartiennent à la langue persane. On doit donc s'attacher avec un soin particulier à la recherche des inscriptions qui sont en plusieurs langues, quoique même ces langues soient connues ; mais les monumens de ce genre sont très rares.

59. On a transporté en Europe une très grande quantité d'inscriptions antiques ; les voyageurs en ont vu un plus grand nombre encore dans les contrées qu'ils ont parcourues, et ne pouvant les enlever, ils en ont donné des copies ; mais très peu d'entre elles sont d'une fidélité rigoureuse, et les copies d'un même monument faites par divers voyageurs, prouvent assez cette infidélité. Comparées et rapprochées, ces copies suffi-

sent quelquefois à un critique habile pour rétablir le texte dans toute sa pureté, mais il serait à désirer que ces soins ne fussent pas nécessaires. Un *fac simile* ou *portrait* de l'inscription, préviendrait tous les inconvéniens, et c'est dans ce but important que nous indiquons ici le procédé le plus simple et le plus sûr à la fois pour obtenir ces *fac simile*. Une feuille de papier humectée avec une éponge ou dans un linge mouillé, appliquée sur l'inscription qu'on a nettoyée, et battue avec une brosse dont les poils sont assez longs sans être trop flexibles, donne dans très peu d'instans deux figures parfaites de l'inscription , dans le sens direct des lettres et dans le sens inverse. On a le soin de frapper avec la brosse plus particulièrement sur les lettres, afin que leurs contours ressortent bien ; il en est de même pour les figures si la pierre en présente , et si ces figures ont quelque relief qui perce la feuille de papier , on recouvre sa déchirure de plusieurs autres morceaux jusqu'à ce que le relief reste dans cette espèce de moule. On ajoute d'autres feuilles à la première si l'inscription est plus grande, et on

a le soin de les numéroter; le papier est bientôt sec, et on le place ensuite dans un porte-
feuille ou dans une caisse, où il ne soit pas
trop pressé. Des empreintes de cette espèce,
emballées après avoir été complètement sé-
chées, ont supporté un très long trajet par le
roulage sans en avoir souffert. Elles ne peuvent contenir aucune erreur, aucune substitu-
tion d'un trait ou d'une lettre à une autre ;
elles ont sur-tout le mérite de conserver
dans toute sa pureté le style des lettres et
des figures, avantage incontestable, puisque le meilleur dessinateur, s'il n'a pas une
grande habitude de l'antique, peut altérer
sensiblement les caractères de ce style, qui
sont souvent, faute de mieux, une indication
sûre pour déterminer l'époque d'un monument. On ne saurait donc trop recomman-
der cette méthode simple et expéditive aux
voyageurs; ils peuvent former facilement la
personne de leur suite la plus illétrée à ce
genre de travail tout manuel. Le papier sans
colle, sans être trop mince, est le meilleur,
mais toute sorte de papier peut également
y être employée avec succès.

§ IV. *Critique des inscriptions.*

60. Le texte des inscriptions est ordinairement remarquable par la concision, l'énergie et la précision; les anciens s'appliquaient à leur donner ces trois qualités essentielles, et c'est ce qui a constitué ce qu'on appelle le *style lapidaire.* Les abréviations y abondent; ce style exige une étude toute particulière, et le meilleur latiniste peut échouer sur une inscription latine même très courte, s'il ne s'est pas adonné à cette étude. Outre les abréviations, les inscriptions grecques et latines offrent une foule de particularités contraires à la syntaxe ordinaire de ces langues, particularités que les critiques ont caractérisées par des *figures* qu'ils nomment, 1° *anacolute* ou manque d'accord entre le verbe et le sujet, comme CIVITAS.... COOPTAVERUNT; 2° *antiptose*, espèce d'idiotisme d'un cas mis pour un autre, comme PATRONO FRATRI pour PATRONI FRATRIS; 3° *protoustère*, mot ou phrase qui n'est pas à sa place; 4° *ellipse* ou suppression de mots essentiels à la clarté du discours, tels que les conjonctions, les mots relatifs à la filiation, à la

patrie, aux fonctions, etc.; 5° *tautologie* ou répétition inutile de la même idée, etc. Pour les inscriptions grecques, il faut ajouter encore à ces difficultés l'usage des divers dialectes et des façons de parler locales, les variations de la grammaire par l'effet des siècles, les usages qui viciaient les désinences régulières des mots, l'emploi de certains mots, verbes, façons de parler, constructions logiques inusités ou arbitraires, l'indication de fonctions publiques dont les attributions sont souvent très douteuses, etc. L'ignorance du graveur ajoute aussi quelquefois à ces difficultés, et ce sont autant de circonstances qui peuvent induire en erreur dans l'interprétation d'une inscription antique, si l'on ne joint à une connaissance approfondie des langues et du style lapidaire en particulier, toutes les ressources d'une critique industrieuse mais prudente, et qui ne saurait être trop réservée dans l'art précieux et trop facile des conjectures et des substitutions.

61. En général, les inscriptions grecques et latines sont en prose; on en connaît cependant un grand nombre qui sont en vers : on les appelle *inscriptions métriques*. Quelque-

fois on en trouve où quelques vers sont ajoutés à la prose, sur-tout dans les inscriptions sépulcrales. Enfin il y en a qui se composent à la fois de quelques lignes de latin et de quelques lignes de grec. On a découvert, il y a peu de temps, à Lyon, un cippe funéraire romain ainsi composé. La partie latine nous apprend que ce cippe a été placé sur la sépulture de *Lucretia Valeria*, par Sextus Avius Hermerus, son mari ; quatre lignes grecques sont au-dessous, et l'on y reconnaît deux vers grecs qui contiennent une pensée morale contre les envieux : ils ne sont qu'une mauvaise leçon d'une épigramme sur le même sujet, qui fait partie de l'Anthologie grecque. On donne le nom de *cippe* aux pierres de forme quadrangulaire, ayant plus ou moins de hauteur, ordinairement avec une base et une corniche taillées à même, et qui porte l'inscription sur la face antérieure, quelquefois des ornemens, des symboles ou de courtes inscriptions sur les côtés, et dont la partie postérieure est brute et quelquefois polie, selon que le cippe était ou n'était pas appuyé contre un mur, ou entièrement isolé et visible des quatre côtés. Les cippes grecs ont quelquefois la forme d'une colonne tronquée. Les pierres à inscription sont aussi oblongues; on leur donne alors, en général, le nom de *tables*, du mot latin *tabula*, (*suprà*, § 54.)On appelle *autels* les pierres qui en ont la forme, et dont l'inscription est un vœu ou une dédicace à une divinité. On a confondu avec les autels les *piédestaux*, dont l'inscription est aussi un vœu ou une dédicace ; mais on remarque à la partie supérieure du piédestal, des trous et quelquefois des restes de plomb fondu qui ont servi à y attacher une statue, un vase, qui étaient l'objet de la dédicace. Enfin on nomme *épigraphes* les inscriptions des édifices publics, et les inscriptions *chrétiennes* forment une classe à part. Mais la qualification d'une inscription dépend plutôt de son sujet que de la forme et de la matière.

§ V. *Classification des Inscriptions.*

62. C'est le sujet, en effet, qui doit régler la classification des inscriptions antiques. Il existe une grande variété de sentimens sur

la méthode la plus convenable, et l'on sent bien que dans un grand recueil d'inscriptions, on peut porter fort loin les divisions et les subdivisions. Mais les grandes classes sont d'un usage plus général, puisqu'elles suffisent à désigner assez complétement la nature d'une inscription nouvellement découverte, et à la rapprocher, pour son interprétation, des monumens du même ordre. On peut donc s'en tenir à la classification suivante des inscriptions antiques :

1° RELIGIEUSES ; — Honneurs rendus aux dieux, aux demi-dieux et aux héros ; vœux, dédicaces, cérémonies du culte, fondations, autels, sacrifices, *tauroboles*, *suovétauriles*, libations, invocations, imprécations ; préceptes de morale.

2° HISTORIQUES ; — Lois, décrets, traités de paix, d'alliance, d'hospitalité, actes publics de toute nature ; comptes et inventaires publics ; listes de prêtres, de magistrats, de guerriers morts au service de la patrie ; services rendus à l'état par des citoyens ; honneurs décernés à un simple particulier de son vivant, marbres portant une indication d'époque ; fastes chronologiques, calendriers, et inscriptions n'appartenant à aucune autre classe mais ayant une date ; actes des villes et des corporations ; textes contenant des noms de lieux et autres renseignemens géographiques , tels que les pierres milliaires ; les dédicaces des monumens publics , autres que les monumens religieux ; discours des princes, des magistrats, et tout ce qui indique un usage public, un fait relatif aux mœurs et coutumes, à l'état des personnes, à l'organisation sociale, etc., etc.

3° SCIENTIFIQUES;—Exprimant quelques principes des sciences, des procédés des arts, portant des noms d'artistes ou d'écrivains ; des causes et des époques de maladie ou de mort ; des noms de professions manuelles.

4° FUNÉRAIRES ; — Tracées sur des cippes, tables , sarcophages , cénotaphes , etc.; et relatives à ce qui concerne les tombeaux et les funérailles des anciens, si la qualité du défunt n'en fait pas un personnage historique, ou le texte de l'inscription , un monument géographique ou chronologique.

5° CHRÉTIENNES ; — Les quatre divisions

précitées peuvent être suivies pour cette classe importante d'inscriptions.

En général, c'est le sujet dominant dans l'inscription qui la fixe dans une classe ou dans une autre ; et le cippe d'un particulier obscur, sans titres et sans fonctions, restera aux monumens funéraires, s'il ne contient d'ailleurs aucune indication relative aux sujets qui appartiennent à l'une des classes précédentes. L'invocation des *Dieux Mânes* ne changera pas son attribution, puisque ces dieux appartiennent spécialement aux pratiques funéraires.

§ VI. *Histoire de la Palæographie.*

63. L'importance des inscriptions a été reconnue par les hommes instruits de toutes les époques. Dans l'antiquité même, on s'attacha à ces monumens comme étant les archives les plus authentiques des nations, celles où étaient consignés leur droit public et privé ; les traités de tout genre, les lois et la mémoire des grands services comme celle des grands citoyens, y étant déposés par l'ordre ou avec l'approbation de la cité reconnaissante. Il y eut donc des collecteurs

d'inscriptions dans l'antiquité même. L'historien Evhémère fut le premier, au dire d'Eusèbe et de Lactance. Athénée rapporte que Philochore recueillit aussi, dans un ouvrage spécial, les inscriptions qu'il vit dans les diverses provinces de la Grèce. Ses historiens, Hérodote, Pausanias et autres, en citent aussi plusieurs (1), mais non pas dans le même but que Philochore, qui donna, à cet égard, l'exemple aux palæographes des temps modernes. Cosmas qui écrivit en grec une Topographie chrétienne en 545 de J.-C., y inséra plusieurs inscriptions. C'est par lui qu'on a connu la célèbre inscription grecque d'Adulis, relative aux conquêtes faites par le roi d'Égypte Ptolomée-Évergète en Asie : le marbre original a péri avec beaucoup d'autres, dont le manuscrit de Cosmas nous a conservé le texte. A la renaissance des lettres, Pétrarque rechercha les inscriptions en même temps que les manuscrits et les médailles; mais il se contenta de les étudier, sans les réunir dans un recueil systématique. Au XVᵉ siècle, cette étude prit une plus grande consistance, et, parmi les

______

(1) Maffei en a donné le catalogue dans son *Arte critica lapidaria*, livre II, chap. 1 et 2.

voyageurs de ce siècle , Cyriaque d'Ancône s'attacha le premier à transcrire, dans
son itinéraire, les inscriptions qu'il eut l'occasion d'observer en Europe et dans le Levant.
A la méme époque, Felix Feliciano, Jean
Marcanova et le frère Giocondo , se firent
remarquer par leur zèle pour la recherche des
inscriptions antiques ; le dernier sur-tout ,
dont les deux volumes manuscrits existent
encore dans la bibliothèque du chapitre de
Vérone, sa patrie. Au XVIe siècle, on pensa
enfin à publier des recueils d'inscriptions.
Peutinger donna le premier , à Augsbourg,
en 1505 ; vinrent ensuite ceux de Jean Hut-
tich , *Mayence* , 1520 à 1525 ; de Fulv. des
Ursins , ou bien de Colocci , *Rome* , 1521 ,
qu'on attribue faussement à Mazzochi, lequel n'en fut que l'imprimeur. Les ouvrages
de ce genre se multiplièrent bientôt ; les
monumens écrits, recueillis dans diverses
régions du monde romain, y étaient figurés ou
transcrits, et le recueil de Smetius, augmenté
par Juste Lipse (*Leyde* , 1588, in-fol.), est
considéré comme le premier qui soit disposé
dans un ordre méthodique , et méme remarquable par la fidélité et la bonne critique
des textes. Il servit comme de modèle aux

travaux nombreux de ce genre qui parurent en Europe dans les deux siècles suivans. Des recueils généraux, on passa aux collections particulières des inscriptions d'une province ou d'une ville seule ; le patriotisme des savans s'exerçait sur ce sujet avec une louable rivalité ; d'autres composèrent des recueils spéciaux. Les uns contenaient les inscriptions *métriques*, en vers grecs ou latins ; d'autres, celles qui se rapportaient à un objet spécial, et le docteur Annibal Marioti, de Pérouse, a laissé, inédit, un recueil d'épigraphes relatives aux médecins et à la médecine. Des collections publiques ou particulières de marbres originaux, se formèrent de toutes parts et trouvèrent aussi des interprètes pour les décrire et les publier. Gruter entreprit enfin un recueil universel de toutes les inscriptions connues ; Gronovius en donna une édition revue et augmentée, en 1707. Muratori publia un recueil analogue, en 1739 ; et ces deux ouvrages forment, avec le supplément de Donat, un ensemble qui montre toutes les richesses et tout l'intérêt des documens authentiques qui constituent la science de la palæographie.

64. Les inscriptions *chrétiennes* forment aussi des recueils spéciaux, d'où leurs savans auteurs ont tiré des renseignemens très importans sur l'état des premiers chrétiens au sein du paganisme, leurs plus célèbres martyrs, le culte qui leur était rendu et les cérémonies ordinaires de l'église primitive. Ant. Bozio donna sa *Roma Sotterranea* en 1632 ; Arringhi publia, en 1651, un ouvrage plus volumineux sur le même sujet et sous le même titre ; et la dissertation de Lupi sur l'épithaphe de sainte Sévère (*Palerme*, 1734) est un ouvrage du plus grand intérêt pour l'étude approfondie de la palæographie en général, et des inscriptions chrétiennes en particulier.

65. La science palæographique s'étendait peu à peu par l'accroissement des vérités élémentaires que l'érudition tirait de l'interprétation des marbres antiques. Maffei donna d'abord son *Arte critica lapidaria*, ouvrage resté incomplet, très savant, mais trop étendu pour être d'un usage général. Le P. Zaccheria voulut y suppléer, sous ce point de vue ; mais dans ses *Instituzioni lapidarie*, il s'écarta trop souvent de son sujet et s'oc-

cupa plus à enseigner l'art de composer des inscriptions que celui de déchiffrer les monumens antiques. Morcelli se proposa l'un et l'autre de ces deux buts dans son traité *de Stilo inscriptionum*, et l'approbation du monde savant prouve qu'il a su les atteindre. Enfin, et plus récemment, M. Spotorno a réuni tous les préceptes de la palæographie dans un ouvrage plus commode et moins étendu, son *Trattato dell' arte epigraphica*, publié à Savone, en 1813. Dans les autres parties de l'Europe littéraire, l'étude des inscriptions antiques n'obtint ni moins de faveur ni moins de succès qu'en Italie ; les savans français contribuèrent aussi, dans tous les temps, par leurs doctes travaux, à l'avancement de cette partie essentielle de l'archéologie. On pourrait en citer ici un grand nombre, depuis les Illustres Observations Antiques du lyonnais Gabriel Syméon (1557), jusqu'aux *observations* non moins *illustres* des savans de nos jours sur les inscriptions orientales, grecques ou latines, que le zèle d'autres Français a ravies pour la première fois aux déserts de l'Égypte et de la Libye ; et les déductions tirées d'un texte quelquefois peu étendu, ont été souvent des pages entières toutes nouvelles, qui manquaient dans l'histoire écrite des peuples anciens, de leur état civil ou de leur état politique. Le zèle le plus louable anime aussi les savans de nos provinces pour rechercher, faire connaître et conserver les inscriptions antiques qu'on y découvre fréquemment. Dans quelques villes, l'administration seconde ce zèle avec empressement et réunit les marbres dans les musées. J'ai publié, en 1807, tous ceux de l'ancienne ville de *Cularo*, aujourd'hui Grenoble, et la collection formée à Lyon, par les soins de M. Artaud, avec une persévérance au-dessus de tout éloge, est aujourd'hui la plus nombreuse et la plus importante de toutes les collections locales en France : un pareil exemple ne saurait avoir trop d'imitateurs. L'intérêt de l'histoire ancienne de notre patrie l'exige, puisqu'elle doit y recueillir ses plus authentiques documens.

66. Il nous reste à parler de ce qu'il y a d'essentiel à savoir pour l'étude particulière des inscriptions qui nous restent de chacun des peuples dont les monumens entrent

dans le plan de ce Résumé. Nous avons dû réserver, pour l'ensemble de ces indications spéciales, les notions relatives aux caractères principaux de chaque genre d'inscriptions, aux signes non alphabétiques qu'on y trouve mêlés, aux variations dans la forme des lettres et dans l'orthographe des mots, aux *sigles* ou abréviations très nombreuses qui en tiennent lieu, aux moyens de discerner l'époque d'une inscription qui ne porte pas une date précise. Nous tâcherons de réunir, dans les paragraphes suivans, les notions les plus nécessaires sur ces sujets variés, mais élémentaires.

SECTION II.

De la Palæographie des divers peuples.

§ Ier. ÉGYPTIENS.

67. Aucun peuple ne nous a laissé autant d'inscriptions que le peuple égyptien. Tous ses monumens en sont couverts, et ces monumens sont très nombreux. L'Égypte est comme un musée de ruines en assez bon état, et quelquefois parfaitement entières.

Les procédés de construction employés par les Égyptiens ont assuré cette durée aux monumens ; et dans l'Égypte même, les ouvrages d'architecture qui sont d'origine grecque ou romaine, se font distinguer par un état de destruction plus avancé, quoiqu'ils soient postérieurs de plusieurs siècles à des ouvrages égyptiens ; et c'est sur les temples, sur les palais, dans les tombeaux ou sur des monumens isolés qu'on trouve un nombre infini d'inscriptions en caractères hiéroglyphiques, hiératiques, démotiques ou populaires. On donne à cette dernière espèce d'écriture le nom d'*enchoriale*, c'est-à-dire *du pays* (de ἐγχώριος, qui est du pays même, national); c'est par ce mot qu'elle est désignée dans le texte grec de l'inscription de Rosette.

68. Les Égyptiens exécutaient rarement une figure, une représentation quelconque, sans en écrire à côté ou le nom ou le sujet. On trouve constamment ce nom auprès de chaque divinité, de chaque personnage, de chaque individu. Dans chaque scène, chaque tableau peint ou sculpté, une inscription, plus ou moins étendue, en explique le motif. Pour en retirer les notions qui peuvent

enrichir l'histoire, on doit chercher à pénétrer le sens de ces textes et légendes, et d'a-
bord reconnaître le genre d'écriture qui s'y
trouve employé. Ces écritures sont de trois
sortes :

1º *Hiéroglyphique*, ou composée de signes
qui sont la figure fidèle d'animaux, de plantes, d'astres, de l'homme et de ses divers
membres, ou bien d'objets divers, produits
de l'industrie humaine. Le nombre des signes
de cette écriture est de 800 environ, et ils se
distribuent en trois classes : A. Signes *figu-*
ratifs, ou exprimant l'idée de l'objet même
qu'ils représentent ; B. signes *symboliques*,
dont l'objet qu'ils représentent a des rapports
plus ou moins éloignés, selon l'opinion des
Égyptiens, avec l'idée qu'ils expriment ; C.
alphabétiques, ou exprimant les sons et les
voix de la langue parlée. Ces signes expriment ces sons ou ces voix, d'après un principe général qui explique aussi leur grand
nombre, et ce principe est qu'un signe alphabétique égyptien représente le son ou la
voix par lequel commence, dans la langue
parlée, le nom de la chose même représentée
par ce signe ; ainsi le lion représente L, par-

ce que le nom du Lion était *Labo* ; la main est un T, parce que le nom de la main était *Tot*, etc. On pourrait donc écrire avec un alphabet hiéroglyphique toutes les langues connues, en suivant ce même principe, mais l'écriture hiéroglyphique égyptienne, avait de plus les signes *figuratifs* et les signes *symboliques*, et dans toute inscription de ce genre, les signes *phonétiques*, c'est-à-dire alphabétiques, en forment au moins les deux tiers. De plus, et dans une même inscription répétée plusieurs fois, les mots écrits dans un exemplaire en signes figuratifs ou symboliques, sont écrits dans un autre exemplaire en signes phonétiques, et l'on voit comment la découverte de l'alphabet des signes phonétiques, a été la véritable *clef des hiéroglyphes*.

2° *Hiératique*, composée de signes dont le trait n'exige pas la connaissance du dessin et qui ne sont qu'une *tachygraphie* des signes hiéroglyphiques même : ainsi chaque signe hiéroglyphique, figuratif, symbolique ou alphabétique, a son *abrégé* hiératique, et cet abrégé a la même valeur absolue que le signe même dont il est une réduction. Il

suffit donc de connaître le tableau compa-
ratif des uns avec les autres, en remarquant
toutefois que les signes figuratifs et symboliques sont plus rares dans l'écriture hiératique que dans l'écriture hiéroglyphique, et
que ces signes sont remplacés dans la première par le nom même, écrit en caractères
alphabétiques, de l'objet représenté par les
signes symboliques, les formes naturelles
pouvant être complétement figurées dans
une écriture par figures, et ne pouvant pas
l'être toujours dans l'écriture par des traits
écrits et qui n'affectent point la forme des
objets naturels.

3° *Démotique*, composée d'un certain nombre de signes pris de l'écriture hiératique
même, mais d'où les signes figuratifs sont
exclus en général, et ne conservant que quelques signes symboliques pour les objets relatifs à la religion seulement ; les signes alphabétiques dominent dans cette troisième espèce
d'écriture : elle sera donc la plus facile à interpréter lorsque tous les signes qui la composent auront été recueillis et que leur valeur
sera complètement connue. On voit donc que
les Égyptiens, à proprement parler, n'avaient

qu'un seul système graphique, composé de trois espèces de signes, le second et le troisième étant régulièrement déduits du premier, et tous trois réglés par la même constitution.

69. L'écriture *hiéroglyphique* est employée dans les monumens de toute espèce, sur les temples comme sur les figures les plus communes, et sur les briques même destinées pour les constructions. Sur les plus anciens monumens, cette écriture est absolument la même que sur l'ouvrage égyptien le plus récent, et il n'y a pas beaucoup d'exemples, hors de l'Égypte, d'un système graphique toujours le même pendant plus de deux mille ans. Mais le système graphique égyptien était intimement lié non seulement avec les institutions du pays, mais encore avec la langue parlée, et la grammaire de cette langue n'exigeait et ne subit en effet aucune modification fondamentale. L'état constant de l'écriture égyptienne n'offre donc à la palæographie aucun principe utile pour juger de l'antiquité relative d'un monument; on connaît il est vrai quelques inscriptions d'un aspect d'antériorité qui frappe les

personnes habituées à leur étude approfondie, et cet aspect dérive tout entier du tracé
des signes : mais il faut encore poursuivre
cet examen pour en déduire des règles
éprouvées. L'époque d'un monument ne peut
donc être bien connue que , 1° par l'état de
l'art conclu du monument même , quand ce
monument est de quelqu'importance ; 2° par
les dates et les données historiques qui s'y
trouvent écrites. L'art égyptien atteignit à
toute sa perfection durant le règne de la
XVIIIe dynastie , et se conserva pendant
quelques siècles jusqu'à Sésostris , chef de
la XIXe, c'est-à-dire du dix-huitième au
quinzième siècle avant l'ère chrétienne. Les
monumens antérieurs à cette période ne sont
pas aussi parfaits ; les monumens postérieurs portent déja quelque trace de décadence , et cet état de choses constitue trois
époques que l'habitude des monumens fait
bientôt reconnaître. Plus tard l'influence des
Grecs et des Romains altéra encore les principes de l'art égyptien , et le tracé des signes hiéroglyphiques témoigne de cette influence , aussi bien que les monumens de
l'architecture et de la sculpture égyptiennes.

Notre savant architecte M. Huyot a tracé, le premier, les principes mêmes de ces différents états de l'art en Égypte, et l'interprétation des hiéroglyphes a confirmé pleinement ses observations.

70. L'écriture *hiératique* employée plus ordinairement pour les manuscrits, se retrouve aussi sur des caisses de momies et sur quelques autres monumens, mais particulièrement sur des pierres isolées, grossièrement aplanies ; on y a tracé au pinceau des inscriptions quelque fois assez longues ; on trouve aussi sur des édifices, des incriptions de ce genre écrites ou gravées par des curieux ou des voyageurs anciens. Mais l'emploi le plus utile pour nous de cette seconde espèce de caractères égyptiens, est dans les papyrus historiques et les registres de comptabilité des temples ; on en a tiré les plus précieux renseignemens pour la chronologie et le système numérique des Égyptiens.

71. L'écriture *démotique* était réservée aux usages généraux et populaires de la nation ; les décrets et autres actes publics, les contrats, quelques stèles funéraires , les

transactions particulières, se fesaient en écriture démotique. Le texte intermédiaire de l'inscription de Rosette est de ce genre.

72. Ce qui intéresse le plus dans l'étude d'une inscription égyptienne, ce sont les indications historiques. On les trouve dans les noms de rois, ou de grands fonctionnaires, et dans les dates qu'elles contiennent. Les noms des souverains sont toujours enfermés dans un encadrement elliptique appelé *cartouche*. Un cartouche contient ou le *prénom* royal consacré par l'autorité publique et la religion pour chaque prince, ou bien son *nom propre*. Le prénom se trouve le plus ordinairement, et comme sur le grand nombre de ceux qu'on a recueillis, il n'en existe pas deux de semblables quoiqu'on en trouve de très analogues, chacun de ces cartouches prénoms appartient à un seul prince qu'il désigne spécialement. L'étude approfondie de ces cartouches ayant conduit à rattacher individuellement ces cartouches prénoms aux princes qui les portèrent, et d'en dresser un tableau fondé et confirmé par les monumens, ce cartouche prénom, quoiqu'isolé, est devenu ainsi une indication historique très im-

portante, le monument pouvant être attribué, avec toute certitude, au règne du prince
désigné par le cartouche, et au règne du
prince qui fut le moins ancien des deux ou
de plusieurs qui sont, quelquefois, rappelés
sur le même monument. On doit donc donner la plus grande attention à ces cartouches; leur existence ajoute du prix à toute
inscription qui en contient un ou plusieurs
dans son texte. Souvent le cartouche *nom
propre* est à la suite du cartouche *prénom*;
un groupe de deux signes, composé du ché-
nalopex (*oie d'Égypte*) et du disque du soleil, les sépare, et dans ce cas la *légende
royale* est complète. Ce groupe qui se lit *ré-
sé, (fils du soleil,)* est un titre commun à tous
les rois de l'Égypte, et l'on a ainsi la désignation entière de chacun d'eux, par exemple : *soleil-gardien de la région inférieure ap-
prouvé par Phré* (cartouche prénom), *le fils
du soleil* (groupe de deux signes), *Ramsès*
(cartouche nom propre), et telle est la légende royale de Sésostris ou Ramsès VI.

73. Le premier signe du cartouche
prénom, est toujours le disque du soleil, et
ce signe, comme tous les autres des cartou-

ches de ce genre, est *figuratif* ou *symbo-lique*. Dans les cartouches *noms propres* au contraire, les signes sont ou entièrement *alphabétiques*, ou figuratifs et alphabétiques mêlés ensemble. Les noms des dieux égyptiens entrant dans la formation des noms propres des princes et des particuliers, on mettait souvent dans les cartouches la figure même du dieu à la place de la *syllabe* vocale qui, étant son nom, entrait dans le nom propre écrit dans le cartouche prénom, où l'on reconnaît toujours des signes alphabétiques.

74. Les dates qui se trouvent avec ces légendes royales, sont aussi d'une grande importance pour l'histoire, et les monumens qui portent quelqu'indication numérique, sont beaucoup plus rares que ceux qui n'en ont pas. Ces indications numériques sont ou l'âge d'un défunt sur une stèle funéraire, ou le nombre des divers objets consacrés qu'il a offerts aux dieux, ou bien la date d'un évènement mentionné dans l'inscription. Les dates proprement dites sont les plus intéressantes à recueillir; elles sont exprimées en chiffres hiéroglyphiques qui spéciaux pour chacun des nombres 1, 10,

100, 1000 et 10,000 suffirent aux Égyptiens pour exprimer toutes les quantités moindres que ce dernier nombre. On en trouvera la figure et la valeur à la planche III n° 5. MM. Jomard et Young ont publié les quatre premiers chiffres presqu'en même temps, et mon frère y a ajouté récemment le cinquième qu'il a reconnu avec cette valeur sur plusieurs monumens.

75. Ces indications chronologiques sont donc ce que l'on doit chercher d'abord dans une inscription égyptienne. D'après ce qui précède, on les reconnaîtra facilement dans les textes hiéroglyphiques ; et quant aux textes hiératiques ou démotiques, les cartouches y sont également figurés, non pas complétement, mais seulement par deux signes qui placent le nom propre d'un roi comme un mot français entre deux parenthèses, et le signe de la gauche a de plus, après lui, une ligne droite qui répond à la base même du cartouche complétement tracé. Les signes numériques hiératiques et démotiques sont de beaucoup plus nombreux que les signes hiéroglyphiques, et comme ils se trouvent rarement dans le texte d'une

inscription, nous nous abstenons de les reproduire ici.

76. A ces notions sur la palæographie
égyptienne, nous ajouterons : 1° que l'écriture hiéroglyphique procède indifféremment
de droite à gauche, de gauche à droite, ou
en lignes perpendiculaires. L'inscription
commence du côté vers lequel sont tournées
les têtes des animaux qui y sont figurés, et
dans les lignes perpendiculaires mêmes, cet
ordre est constamment suivi pour un texte
entier, ou les diverses parties de ce texte.
Une ligne isolée d'hiéroglyphes, la dédicace d'un temple ou d'un autre monument, par exemple, procède aussi quelquefois une moitié de gauche à droite, et l'autre
moitié dans le sens contraire ; mais dans ce
cas, on distingue au milieu même de cette
inscription un signe qui n'a pas de direction
propre ou naturelle, tels que la croix ansée,
un obélisque, etc., et c'est de ce signe que
les deux moitiés de l'inscription prennent
chacune la direction opposée. 2° Que l'écriture hiératique et la démotique procèdent
constamment de droite à gauche, comme
l'arabe et autres écritures orientales.

§ II. Grecs.

77. La critique de la palæographie grecque a réuni plus de préceptes et plus de notions qu'on n'a pu le faire jusqu'ici sur les inscriptions égyptiennes. L'alphabet des Grecs, et toutes ses variations, nous sont mieux connus, ainsi que la langue, les mœurs et l'histoire de ce peuple illustre dans l'antiquité, malheureux dans le moyen âge, et qui semble aujourd'hui retrouver ses antiques vertus dans ses antiques souvenirs. Les inscriptions grecques nous ramènent quelquefois vers ces époques glorieuses de la nation grecque; et que d'émotions se passent dans le cœur de l'archéologue qui retrouve dans un marbre offensé par le temps, le monument funéraire qu'Athènes plaça, il y a vingt-trois siècles, sur le tombeau de ses guerriers morts devant Potidée! *Pour accroître la gloire de la patrie, ils s'étaient exposés les premiers aux coups de l'ennemi!* La magique influence du nom grec, qui rappelle à notre admiration tous les chefs-d'œuvre de l'esprit, de l'imagination et du goût,

n'est pas étrangère à l'archéologue ; il ana-
lyse péniblement quelques phrases , et il retrouve toujours le génie de l'antique Hellé-
nie.

78. Le premier examen d'une inscription
grecque doit avoir pour but d'en reconnaître
l'époque. Le sujet , s'il appartient à l'histoire , indique d'abord cette époque dans
certaines limites ; mais on la trouve plus
précisément : 1º dans les signes chronologiques, s'il y en a ; 2º à leur défaut, dans la
forme même des lettres et le nombre que
leur ensemble suppose à l'alphabet du temps,
dans le tracé et la marche des lignes de l'inscription , enfin dans certaines formes grammaticales propres aux plus anciens monumens écrits de la Grèce. Le dialecte qui y
est employé est aussi une indication , du
moins topographique, sur la contrée où l'inscription fut rédigée.

79. Les signes chronologiques les plus
communs sont : 1º les *noms* des magistrats
dont l'autorité a présidé à l'exécution du monument , ou bien qui étaient en fonction à
l'époque où il a été érigé ; 2º les *dates* tirées
des ères particulièrement adoptées dans cha-

que état de la Grèce, et exprimées selon le calendrier propre à chacun de ces états. Des dates de ce genre ne se retrouvent que dans les inscriptions grecques des temps postérieurs; sur les plus anciennes, sur celles de la Grèce antérieure à l'invasion des Romains, on ne voit en général que les noms des princes ou des magistrats pour époque. La durée des fonctions de ceux-ci réglée par les lois, et l'ordre de leur succession inscrit dans les archives publiques, ne laissaient, dans ces temps, aucune incertitude sur l'expression de ces sortes de dates. Les critiques modernes, combinant l'autorité des monumens avec les rapports des historiens, ont réussi à rétablir, en grande partie, ces listes de la succession des magistrats grecs, selon l'ordre chronologique, à les rapporter aux années juliennes antérieures à l'ère vulgaire, à former ainsi des tables très utiles pour la supputation des temps de l'histoire ancienne et la détermination de l'époque précise d'un monument. Une inscription grecque portant le nom d'un archonte (*Eponyme*) d'Athènes, est certainement de l'année même où cet archonte exerça ses fonctions, et il en est ainsi pour les monumens des autres villes et des autres contrées dont on a rétabli les listes des princes ou des magistrats. Quant aux dates proprement dites, en années, en mois et en jours, il est à remarquer que les anciens n'employèrent pas une *ère* générale, comme l'est l'ère chrétienne pour les temps modernes. Lorsqu'une ville ou un état en institua une, il en prit les motifs et l'origine dans des raisons ou dans des évènemens qui lui étaient particuliers, et il en résulte pour nous une diversité de supputations d'où naît un grand nombre de difficultés. Les chronologistes ont travaillé à expliquer la nature de ces ères nombreuses et variables, à découvrir le moyen de les mettre en concordance et de les rapporter toutes à l'ère julienne. C'est donc à leurs tables qu'il faut recourir pour l'interprétation de ces dates. Les villes principales de la Grèce en créèrent presque toutes ; mais partout où s'établit le pouvoir royal, les dates furent prises de l'année du règne du prince qui occupait alors le trône ; et la succession de ces princes est assez connue, ainsi que leur époque, pour qu'on puisse arriver, à cet égard, à de satisfaisantes certitudes. Les tables dressées par les chronologistes donnent encore, sur ce sujet, les renseignemens les plus nécessaires.

80. Les formes graphiques d'une inscription grecque sont aussi une indication assez approximative de son époque. Il est évident qu'on ne trouvera pas, dans un monument d'une époque donnée, l'emploi d'une lettre qui n'était pas encore dans l'alphabet grec à cette même époque. Or cet alphabet, comme celui de tous les peuples anciens de l'Europe, ne fut d'abord composé que de 16 lettres; plus tard on en ajouta quatre autres, et enfin on le porta de 20 à 24 signes, par l'addition et l'usage général des quatre lettres doubles Ξ (ks) , Ψ (ps), H (ê) , Ω (ò) ; et comme on assigne cette dernière addition de quatre lettres, à l'époque de l'archontat d'Euclide à Athènes, l'an 403 avant J.-C., il en résulte qu'une inscription où l'on trouve une ou plusieurs de ces quatre dernières lettres, doit être, avec assez de fondement, considérée comme postérieure à Euclide et à l'année 403 avant J.-C. Les 20 autres lettres de l'alphabet grec se voyent

sur toutes les inscriptions antérieures. Mais, malgré cette similitude pour le nombre de lettres, il y a entr'elles de grandes dissemblances de forme, et ces dissemblances fournissent des notions que les habiles critiques ne négligent pas pour déterminer approximativement l'époque d'une inscription. Il en est de même de la direction des lignes d'une inscription. Les Grecs, à l'imitation des Orientaux, écrivirent d'abord *de droite à gauche*; il ne reste pas de monument qu'on puisse attribuer avec certitude à l'époque où cette méthode était exclusivement en usage. Des inscriptions d'une seule ligne sont, il est vrai, dirigées dans ce sens; mais la première ligne d'une inscription qui appartient à la seconde manière d'écrire adoptée postérieurement par les Grecs, est toujours dirigée de droite à gauche. Cette seconde manière est appelée *Boustrophédon*, c'est-à-dire que les lignes, comme un sillon continu tracé par des bœufs avec la charrue, vont alternativement *de droite à gauche* et *de gauche à droite*, de sorte que la première ligne s'ouvrait à droite, la seconde à gauche, immédiatement au-dessous de la fin de la première. Les plus

anciennes inscriptions grecques sont dispo-
sées de cette manière, qui est un signe certain d'antiquité, lorsque cependant la forme
primitive des lettres s'accorde avec cette
disposition particulière des lignes ; car on
a imité le Boustrophédon dans un temps
où il n'était plus en usage, et comme pour
donner à une inscription l'apparence d'une
antiquité qu'elle n'avait pas réellement. On
doit donc, pour ne pas s'y laisser tromper,
examiner si, avec les lignes en Boustrophédon, la forme des lettres et l'orthographe des
mots concourent à prouver l'authenticité
d'une inscription de l'ancien style grec. Par la
suite des temps, et environ au VIIIe siècle antérieur à l'ère chrétienne, le Boustrophédon
fut abandonné, et la direction uniforme des
lignes de gauche à droite généralement adoptée. Il n'est pas même certain qu'Homère ait
écrit en Boustrophédon ; dans tous les cas,
il n'employa que 20 lettres, puisque l'alphabet grec de son temps n'en avait que vingt,
et ce ne fut pas lui qui divisa ses deux poë-
mes en vingt-quatre chans, un pour chaque
lettre de l'alphabet, le siècle d'Homère ne
connaissant que 20 lettres. Une inscription

grecque sera donc, 1° du premier style et des plus anciennes, si elle est tracée de droite à gauche, et si les lettres ont les formes de l'alphabet primitif : on n'en connaît pas de cette première époque ; 2° du second style et antérieure au VIIe siècle environ avant l'ère chrétienne, si, aux formes reconnues de l'alphabet du temps, elle ajoute le tracé des lignes en Boustrophédon ; 3° du troisième style et antérieure à la fin du Ve siècle qui précéda l'ère chrétienne, si, n'étant pas même en Boustrophédon, elle ne porte aucune des quatre lettres doubles Ξ, Ψ, Η, Ω, et les formes des lettres conservant encore des traces du vieux style. (Il est à remarquer à ce sujet que l'H peut se trouver dans des inscriptions de cette époque sans infirmer leur antiquité, puisqu'il n'y est que comme *aspiration* affectant certaines lettres, et non pas comme Ê (E long), qui s'y trouve exprimé par deux E, comme MATEEP pour MATHP); 4° du quatrième style et postérieure à la fin du Ve siècle avant l'ère chrétienne, si on y trouve les 24 lettres de l'alphabet grec, tel qu'il est aujourd'hui réglé : et comme les inscriptions de ce genre sont les plus communes, elles appartiennent aussi à un plus grand nombre d'époques différentes, comprenant un intervalle de neuf siècles à peu près jusqu'au Bas-Empire. Au défaut de toute autre indication chronologique, les formes successivement perfectionnées et ensuite dégradées de ces 24 lettres, servent, avec les variations d'orthographe et l'introduction de nouveaux mots, à des déterminations d'ancienneté relative que l'expérience et l'étude comparative des monumens donne avec quelque certitude.

81. On trouve à la planche IV, col. n° 3, l'alphabet grec des plus anciennes inscriptions, tiré des monumens même; on discernera très facilement en quoi la forme de ses lettres s'éloigne de celles qu'on observe sur les inscriptions grecques de l'époque romaine, assez analogues aux formes des lettres capitales de l'alphabet grec de nos imprimeries, et l'on peut dire, en général, qu'une inscription grecque est d'autant moins ancienne, que la forme de ses lettres s'éloigne davantage de celle des lettres de l'alphabet gravé sur notre planche d'après les plus anciennes inscriptions connues.

Nous devons avertir toutefois que les formes
C , ϵ , ω , des lettres Σ , E , Ω , ne prouvent
pas contre l'antiquité d'une inscription ; ces
formes sont communes à l'époque du Bas-
Empire romain, mais elles ont été observées
sur plusieurs monumens antérieurs à l'ère
chrétienne. On reconnaît aussi sur les plus
anciens d'entre eux, des signes particuliers
d'*aspiration* ou *d'euphonie*, outre l'H qui
est déjà indiqué au paragraphe précédent ,
et tels sont le digamma ou double Γ, qui a
cette forme F, comme dans l'inscription des
environs d'Elis, publiée par M. Boissonade,
ou bien Ⅎ, comme dans la table d'Héraclée ,
publiée par Mazochi. M. Boissonnade donne
aussi comme un signe d'antiquité, dans une
inscription , les datifs écrits OI au lieu de Ω.
L'étude des monumens originaux fournit
d'ailleurs une foule de préceptes plus ou
moins généraux qu'il serait difficile d'exposer en détail dans ce résumé.

82 Après cet exposé sommaire des préceptes généraux tirés de la partie graphique
des inscriptions grecques , comprenant la
forme des lettres , la direction des lignes,
l'usage de dialectes et de certaines formes

grammaticales, il ne reste plus à les considérer que dans leur sujet, les signes ordinairement particuliers à quelques-uns d'entre eux,
les nombreuses abréviations qu'on y a re-
marquées, et les signes numériques employés
à diverses époques. C'est l'interprétation fidèle du texte qui fait pleinement connaître
l'objet, le but et l'utilité pour l'histoire d'une
inscription grecque. Cette interprétation exige non-seulement la connaissance approfondie de la langue grecque de toutes les
époques, mais encore l'habitude du style
qu'on appelle lapidaire, ou relatif aux textes
grecs tracés sur des pierres; et si l'on considère dans combien de contrées diverses la
langue grecque a été celle des monumens
publics, combien l'habitude de certaines figures du langage a été variable, et selon les
lieux différens, et quelquefois selon les époques dans le même lieu, on se fera une idée
de tout ce qu'exige l'étude des inscriptions
grecques pour étre fructueuse. Mais l'archéologue peut ne pas posséder cette science profonde du critique, et nous renfermant ici dans ce qui lui est nécessaire pour
l'appréciation sommaire d'un monument et

pour le classer avec assez de convenance dans une collection, nous ne devrons nous attacher qu'aux signes extérieurs qui en caractérisent les diverses époques.

83. Les décrets et actes publics des villes, corps politiques et corporations, les traités et conventions d'un intérêt général, sont ordinairement précédés d'une invocation *à la bonne fortune* : ΑΓΑΘΗΙ ΤΥΧΗΙ. On y ajoutait quelquefois : ΚΑΙ ΕΠΙ ΣΩΤΗΡΙΗΙ, *et pour le salut ou l'utilité* ; viennent ensuite la désignation de la cité ou de la corporation, les noms des magistrats ou des prêtres en fonctions, et le sujet du monument ; souvent une date proprement dite est à la fin du texte, ainsi que le nom, soit de celui qui a rédigé l'inscription ou a présidé à son exécution, soit de l'artiste qui l'a exécutée ; les noms des magistrats ou des prêtres ne sont placés quelquefois qu'après le sujet même du monument. Dans les courtes inscriptions honorifiques, pour les princes ou les citoyens, le verbe de la phrase est ordinairement sous-entendu, le nom de la personne honorée ou d'une statue, ou de tout autre témoignage public, est écrit aux pre-

mières lignes, à l'accusatif ; il est suivi du nom de la ville ou de la corporation qui a voté le monument, et les noms du magistrat ou du prêtre, et de l'artiste sont à la fin ; un décret porte souvent son intitulé ΨΗΦΙΣΜΑ, et lorsqu'il est pour un citoyen qui a rendu des services, la récompense ordinaire étant une couronne décernée par la cité, cette couronne est figurée au-dessus du décret, et le nom du citoyen est inscrit dans le champ même.

84. La date, lorsqu'elle est tirée d'une *ère* locale, se trouve aussi parfois au commencement d'une inscription. Ces ères ou computs, sont très variées ; il est impossible d'indiquer ici même les plus usuelles, et nous sommes forcés de renvoyer pour ce sujet important au *Résumé* spécial de *Chronologie*, qui suivra de près celui-ci ; on remarquera seulement que, au défaut d'autre indication topographique, les noms des mois employés dans une inscription peuvent fournir quelques données sur le peuple auquel elle appartient, ces noms de mois étant assez variés dans les cités de la Grèce. On trouvera dans le Résumé de Chronologie, les indications les plus nécessaires sur ce

point de la palæographie grecque. Les dates sont aussi prises des années du règne d'un prince ; il faut encore recourir à la chronologie pour les interpréter. Ces dates sont exprimées en toutes lettres ou bien en chiffres grecs ; dans le premier cas, elles ne présentent aucune difficulté ; mais, dans le second, les variations qui existèrent chez les Grecs dans l'expression graphique des nombres, peuvent embarrasser quelquefois, et ce ne fut que dans un temps postérieur aux plus anciens monumens, que les 24 lettres de l'alphabet furent adoptées comme signes de la numération et d'après leur ordre constant dans l'alphabet même. Cet alphabet numérique se trouvant partout, nous ne devons indiquer ici que les signes qui furent en usage avant cette application des lettres à l'expression des nombres, signes pris en général des lettres initiales des mots exprimant ces nombres. Dans la liste qui suit, le chiffre arabe précède son équivalent en grec : *nombre* 1 se trouve dans les inscriptions grecques représenté par la lettre ou le signe I; 2—II et Δ; 3— III; 4—IIII; 5—Π; 6—Σ et Ⴈ; 7—EBΔM;

8—ΠΙΙΙ; 9—ΠΙΙΙΙ; 10—Δ ou ∇; 11—ΔΙ, Λ,
Ι; 12—ΔΙΙ, Β; 13—ΔΙΙΙ ou ΤΡΙΣΑ; 14—ΔΙΙΙΙ
ou ΕΔΙ; 15—ΔΠ ou ΕΚ-Ι, etc.; 20—ΔΔ ou Δ∇;
25—ΖϹ ou Δ∇Π; 30—Δ∇Δ ou ∇∇∇; 40—
quatre Δ ou ΤΕΣΣΑΡΑ; 50—cinq Δ ou ⊡; 100
—Η. Ρ.; 200—ϹΚΝ; 500—Ⴙ; 1000—Χ; 5000
⊠—; 10,000—M. Lorsque les nombres sont
exprimés par les lettres de l'alphabet employées comme chiffres, la lettre L, qui les
précède, les fait remarquer comme tels,
quand le mot ΕΤΟΥΣ ou ΕΤΩΝ (*de l'année
ou des années*) ne s'y trouve pas; ce L, de
forme latine, tiré de l'ancien alphabet grec,
est l'initiale du mot Λυκάβαντος, génitif de
λυκάβας, qui signifie *année*. Ces mots et ces
chiffres de dates sont au génitif en grec,
comme ils sont à l'ablatif en latin, à cause
d'une préposition sous-entendue. C'est, si
l'on aime mieux, un génitif *absolu* en grec,
et un ablatif *absolu* en latin.

85. On doit s'attacher particulièrement,
dans l'interprétation d'une inscription grecque, à discerner les nombreuses qualifica-
tions des magistrats de tout ordre, des employés publics de divers rangs; les noms de
dieux et de peuples, ceux des bourgs et tri-

bus d'une cité ; les formules consacrées pour différens genres de monumens ; les textes de décrets, lettres etc., qui sont relatés ou cités dans des textes analogues ; les noms mêmes des monumens tels que stèles, tablettes, cippes, etc. ; l'indication soit des lieux, soit des dépendances de ces lieux, où ils doivent être exposés ou déposés, tels que temple, vestibule, cour ou péristyle, place publique, etc. ; ceux qui en font les frais, la cité entière ou une curie, le trésor public ou un trésor particulier ; les noms et surnoms des personnages publics ou privés ; les prérogatives et les faveurs accordées, telles que les droits d'asile, d'hospitalité, de cité, etc.; les peines prononcées contre ceux qui détruiraient ou mutileraient le monument ; les conditions des traités et des alliances, les indications de poids, monnaies et mesures.

86. On appelle ΠΡΟΣΚΥΝΕΜΑ un acte de piété ou d'adoration envers une divinité et dans un temple spécial, accrédité pour cet objet, soit par un privilége légal, soit par l'effet de l'opinion des dévots. Les particuliers faisaient cette espèce de pélerinage soit pour eux-mêmes, soit au nom de leurs pa-

rens et de leurs amis en même temps , et ils comprenaient leurs noms dans l'inscription commémorative qu'ils gravaient ou écrivaient sur quelque partie du temple ; les rois désignaient pour ces hommages religieux , des fonctionnaires ou des particuliers qui recevaient cette mission expresse, et qui ne négligeaient pas de rappeler dans l'inscription, qu'ils avaient rempli cette mission au nom du prince nommé dès les premières lignes. Il paraît aussi que le même prince donnait la même mission plusieurs fois durant son règne, et que l'usage de ces hommages religieux était particulier à l'Égypte grecque et romaine ; c'est sur-tout au temple d'Isis à Philæ qu'on les recueille ; il y en a aussi un grand nombre sur les temples et les chapelles de la Nubie , en l'honneur d'Isis et de Sérapis , et des autres dieux adorés dans le même édifice.

87. Les inscriptions votives ou bien dédicatoires, contiennent toujours les noms des dieux ou des princes auxquels un monument est dédié , et les noms de la ville , du corps politique, des tribus, corporations, fonctionnaires ou simples particuliers qui ont donné

au monument cette destination : les ouvrages publics exécutés aux frais des tribus ou des particuliers, portent aussi des inscriptions commémoratives de leur munificence, et la partie même d'un monument construit ou réparé par l'effet de cette générosité, est expressément désignée dans ce texte de l'inscription, les anciens permettant ce concours du zèle particulier des citoyens pour l'utilité publique ; et une inscription qui rappelait avec reconnaissance les effets durables de ce sentiment, en excitait perpé-tuellement la louable manifestation : c'é-taient de bons exemples qui produisaient encore de bonnes actions.

88. Les monumens funéraires portent ordinairement une inscription qui rappelle les noms et les titres du défunt, son pays, son âge, les noms de son père ou de sa mère, ses titres et ses services, ses qualités distinguées et ses vertus. Souvent une in-scription funéraire ne contient que les noms du défunt, celui de sa patrie, et des accla-mations ou des vœux la terminent très fré-quemment. Quelques exemples explique-ront mieux tous ces préceptes : ΧΡΗΣΤΟΣ

ΠΡΩΤΟΥ ΘΕΣΣΑΛΟΣ ΛΑΡΕΙΣΑΙΟΣ ΠΕΛΑΣ-
ΓΙΟΤΗΣ ΕΤΩΝ · ΙΗ. ΗΡΩΣ ΧΡΗΣΤΕ ΧΑΙΡΕ.
Le premier mot est le nom du défunt Chrestus; le second mot est le nom de son père,
Prôtos ou Protus, et la construction de ces
deux mots montre que le mot *fils*, ΥΙΟΣ, est
sous-entendu, selon l'usage général des
Grecs, qui supprimaient les titres de *fils* ou
fille de.... Les trois mots qui suivent sont la
désignation de la patrie de Chrestus, *Thessa-*
lien, et né dans celle des villes de *Larissa* qui
était surnommée *Pelasgia*, pour la distinguer
des autres lieux de ce nom. Les mots ΕΤΩΝ
ΙΗ signifient : *d'années* 18 ; c'est l'âge du
défunt. Le reste est une acclamation : *héros*
Chrestos; adieu! Ces mots ΧΑΙΡΕ, ΕΤΨΥΧΕΙ,
ΘΑΡΣΕΙ, qui expriment des vœux analogues,
terminent souvent, seuls, les inscriptions
funéraires. On lit dans d'autres inscriptions : 1° ΦΙΛΩΝ ΚΑΛΛΙΠΠΟΥ ΑΙΞΩΝΕΥΣ;
2° ΑΛΚΙΜΑΚΗ ΚΑΛΛΙΜΑΧΟΥ ΑΝΑΓΥΡΑ-
ΣΙΟΥ. Les deux premiers mots de chacune
des deux parties de l'inscription sont des
noms propres : 1° *Philon*, FILS *de Callipe*;
2° *Alcimaque*, FILLE *de Callimaque*; et ces
mots ΑΙΞΩΝΕΥΣ et ΑΝΑΓΥΡΑΣΙΟΥ sont les

noms de deux des 174 *peuples de l'Attique.*
On appelait ainsi les villes, bourgs et villages
de cette contrée et les quartiers d'Athènes,
qui formaient chacun une communauté in-
scrite dans une des 13 tribus d'Athènes, capitale de l'Attique. La communauté ou *cité*
des *Æxoni* faisait partie de la tribu Cécro-
pide, et *Anagyrus* de la tribu Erechthéide.
Ces noms de lieux doivent être attentivement
remarqués dans une inscription, afin de pré-
venir toute méprise, et pour donner une interprétation complète et satisfaisante de tous
les mots. On remarquera de même, 1º les
surnoms honorifiques des princes : ils servent quelquefois à distinguer ceux qui ont
porté le même nom ; 2º que ces noms de
lieux et ces surnoms se trouvent souvent
écrits en abréviations et par les premières
lettres seulement.

89. Quant à la ponctuation des inscriptions grecques, nous dirons qu'en général,
elle manque dans les marbres ; les mots eux
mêmes sont peu ou point séparés, et c'est
par le sens et par la construction grammaticale qu'on détermine l'arrangement des
mots pour former les phrases. On remarque

cependant sur quelques inscriptions, principalement dans les moins anciennes de celles qui sont funéraires, des signes particuliers mêlés aux mots, tels que une feuille, un triangle, une ligne droite ou inclinée, et même un point après chaque mot : mais ces signes ont rarement une expression quelconque, et l'on peut ne pas s'y arrêter du tout, à moins que le sens de la phrase, déduit préalablement de la combinaison des mots, permette de leur attribuer une certaine valeur qui concourt à jeter quelque clarté dans le discours. Souvent ces signes particuliers sont des symboles analogues au sujet de l'inscription ; on en trouve aussi de pareils au-dessous des lignes d'écriture, ou sur les côtés mêmes du monument. On doit les remarquer et s'attacher à les interpréter d'après les opinions mêmes des anciens. D'habiles critiques ont fondé leurs doctrines sur cette partie intéressante de l'archéologie.

90. Les abréviations, qui abondent dans toutes les inscriptions grecques, sont la source d'un grand nombre de difficultés; des savans renommés se sont occupés à les recueillir, à les interpréter, et le docte

Corsini a écrit sur ce sujet un volume in-folio (*Notæ græcorum*) publié à Florence en 1709. L'étude de la palæographie grecque a réuni depuis de nombreux supplémens ; nous avons dû n'exposer ici qu'un extrait de toutes ces recherches. Le tableau suivant contient les abréviations usuelles, celles qu'on retrouve le plus souvent sur les marbres grecs : il termine aussi cette section, trop sommaire sans doute, à l'égard d'un sujet aussi vaste que la palæographie grecque.

Sigles ou abréviations les plus usuelles dans les Inscriptions grecques.

A. πρῶτος. premier. ἀπό (préposition).

Αὐτοκράτωρ, empereur.

ΑΓΑ. Τ. ἀγαθη τύχη, à la bonne fortune.

ΑΓ. αγίος, saint, ἀγίη, sainte.

ΑΓΙΩ. αγιωτάτος, très saint, très sainte.

ΑΔΕΛΦ. ἀδελφός, frère, ou prénom.

ΑΝΕΘ. ἀνέθηκε, a placé, a dédié.

ΑΠΕΛ. ou ΑΠΕΛΕΥΘΕΡ. ἀπελεύθερος, af-franchi.

ΑΠΡ. ἀπρειλίος, le mois d'avril.

ΑΡΙΣ. ἄριστος, excellent, le meilleur.

ΑΡΧ. ἄρχων, archonte (magistrat).

ΑΥΤ. αὐτοκράτωρ, empereur.

Λ-Ω. alpha et ômega ; monogramme du Christ.

B. δεύτερος, le second ; βουλή, sénat.

ΒΑΣΙΛ. βασιλεύς, roi.

B. Δ. βουλῆς δόγματι, par décret du sénat.

ΒΙΣ. βίσωμον, sépulcre, tombeau.

ΒΩ. βωμὸς, base, autel.

ΓΟΝΕ. γονεὺς, père, ancêtre.

ΓΡΑ. γραφεὺς, scribe, écrivain.

ΓΥΜ. γυμνικὸς, gymnique.

Δ. E. δημαρχικῆς ἐξουσιας, de la tribunicie du
peuple. (Titre des empereurs romains.)

ΔΕΚ. δεκεμβρίος, mois de décembre.

ΔΕΣⰔ. δεσπότ ς, maître, seigneur.

ΔΗΜΟΣ. δημοσία, publiquement.

Δ. M. *Diis Manibus.* Δ. M. Σ. *Diis Manibus
Sacrum.* (Formules latines funéraires.)

Δ. T. δῖι τῳ, à Jupiter.

ΕΒΔ. ἕβδομος, septième.

ΕΔ. EI. εἰδῶν, des Ides.

ΕΖΗ. ἔζησεν, il a vécu.

E. Θ. εὔνοια θεῶν, la bienveillance ou la pro-
tection des dieux.

ΕΛΕΥ. ἐλεύθερος, libre, affranchi.

EN. ΕΝΘ. ἐνθάδε, ici, là ; ou bien ἐν θεῳ, en
Dieu.

ΕΠΙΣ. ἐπίσκοπος, inspecteur, évêque.

ET. ἐτῶν, d'années, âgé de...

ΕΤΕ. ΕΤΕΛ. ἐτελευτεσεν, il mourut.

EXTO. ἐχώρησατο, fut reçu.

ZH-ΣΗΣΑΝ. ζήσας, ζήσαντι, ayant vécu. (l'âge.)

HZHΣ. ἔζησεν, il a vecu....

HM. ἡμέρα, jour. — HMEPH. ἡμέρας ὀκτὼ, jours 8.

HC. ἠν Cρίςῳ, en Jésus-Christ.

ΘE. θεοῖς, aux dieux.

Θ. E. θεοῖς ἐπιχωρίοις, aux dieux du pays.

Θ. H. Θεοῖς ἥρωσιν, aux dieux héros.

Θ. K.-Θ. KA.-Θ. KAT.-Θ. KY.-ΘΣ. KA.-Θ. KX. θεοῖς καταχθωνίοις, aux dieux infernaux.

ΘY.-ΘΣ.-ΘΩ. θεῦ, θεός, θεῷ, de Dieu, Dieu, à Dieu.

ΘΥ.-ΘΥΤΡΙ. θυγάτηρ, θυγατρί, fille, à la fille.

ΙΑΝ. ιαννκαρίος, janvier.

ΙΜΡ. ἰμπεράτωρ, empereur.

ΙΝΔ. ινδικτιωνι, à l'indiction.

ΙΟΥΝ. ἰκνίας, calendes de juin.

ΙΡ. ἱερεύς, prêtre.

ΙΣ. ΙΩΣ. ἰησῦς, Jésus. $\left(\genfrac{}{}{0pt}{}{\Omega}{\text{IΣ}}\right)$

ΙΣΙ. ἰσιδί, à Isis.

ΙΧΘΥΣ. Ιεσους Χριςὸς θεῦ υἷος, Jésus-Christ, fils de Dieu.

K. Affecté d'une ligne droite ou inclinée, abréviation de καὶ, et.

KA. καλανδῶν, des calendes.

KAI. Καῖσαρ, César.

K. B. κελεύσματι βυλῆς, par la permission du sénat.

KE. Κύριε, ô seigneur.

K. Θ. καταχθωνίοις θεοῖς, aux dieux infernaux.

KI. κεῖται, repose.

ΚΟΣ. ΚΩΣ. κονσυλ, consul.

K. Π. κελεύσματι πολεως, par la permission de la ville, de la cité.

ΚΡΑΤ. κράτισον, excellent.

ΚΣ. κύριος, seigneur, maître.

K. Σ. κύριος σῶτηρ, seigneur sauveur.

K. Φ. κελεύσματι φρατριας, par la permission de la curie, de la tribu.

K. Χ. κοινοῖς χρήμασιν, par dépense publique.

ΛΑΜ. λαμπροτάτος, très splendide.

ΛΕΓ. λεγιῶνος, de la légion.

ΛΙΘ. λίθος, pierre, inscription, stèle.

M. MH. μῆνας, mois.

M. μνημεῖον, monument, tombeau.

MA. μάτηρ, mère.

MAI. μαΐων, des calendes du mois de mai.

MAP. μαρτίων, des calendes du mois de mars.

ME. μηνῶν, des mois.

MH. M. P. μητήρ, mère.

ΜΣ. μάρτυρες, les martyrs.

M. Χ. μνήμης χάριν, pour souvenir.

N. ΝΩ. νώνων, des nones. (date.)

ΝΑΘ. νατιῶνς, nation, pays.

NEPTE. ἐνέρτερος, mort.

NOBEMBP.–NOEEMB. νοεμβριος, mois de novembre.

ΞΥΣΤΑΡΧ. Ξυσαρχα, Xystarque.

ΟΙΚΑΤ. οἱ κατοικἔντες, les habitans.

ΟΚΤΒ. οκτωβριων, des calendes d'octobre.

ΠΑΡΑΚΑΤΙ. παρακατατεθεῖται, a été déposé, a été confié.

ΠΑΡΘ. πάρθικος, parthique, des Parthes.

ΠΓΘΟΝ. παναγιανθεοτόκον, la très sainte mère de Dieu (la Vierge Marie).

ΠΛΑ. πλάτος, largeur.

ΠΟΣ. ποσειδων, poseïdon, mois athénien.

ΠΠ. πάτηρ πατριδος, père de la patrie.

ΠΡ. πρεσβύτερος, prêtre.

ΠΡΕΣΒ. πρεσβεὺς, envoyé, député.

ΡΩ. ῥωμαῖος, romain.

Σ.–ΣΕΒ.–ΣΕΒΒ.–ΣΕΒΒΒ. Σεβασός, Auguste (et Augustes, en parlant de deux ou de trois princes). Ce mot s'écrit aussi par ΟΥ à la place du Β.

ΣΕΠ. σεπτεμβριος, mois de septembre.

ΣΙ. σῦ, de lui-même.

ΣΠΕΙΡ. σπείρα, cohorte, légion.

Σρῖ. σωτῆρι, au sauveur.

Σ. Σ. συγκλήτυ συγχωρήσει, par le consentement de l'assemblée, d'un consentement unanime.

ΣΩ. σῶμα, le corps.

Τ. τάλαντον, talent. (monnaie.)

Τ. Les divers articles de la langue grecque qui commencent par cette lettre.

Τ. Δ. Β. Κ. Δ. Ε. τῷ δόγματι βυλῆς καὶ δόγματι ἐκκλεσίας, par édit du sénat et par édit ou ordonnance de l'assemblée.

ΤΕΙΜ. τειμάς pour τιμας, les honneurs.

ΤΚ. (groupés). ἐκ τῶν, *des*, faisant partie des...

Υ. Sert quelquefois de ponctuation ou à la séparation des mots. Il est aussi l'initiale de la préposition ὑπέρ, du mot υιος, *fils*, et des mots ὑπατεια, *consulat*, et ὑπάτος, *consul*.

Υ. Β. ὑπόμνήμα βυλῆς, monument par ordre du sénat.

Υ. Β. Δ. ἱπό βυλῆς δόγματι, par ordonnance du sénat.

ΥΠΠ. ὑπάτων, des consuls, étant consuls.

Φ. Ponctuation ou séparation des mots. Il s'emploie aussi pour φεβρκαριος, mois de février.

ΦΗΛΙ. Φήλιξ, Félix. (prénom.)

ΦΙΛΟΚΥ. φιλοχρίςου, aimant le Christ.

ΦΛΑΜ. φλάμην, flamine.

Χ.-ΧΑΡ. χάριν, grâce. (ou pour ἕνεκα, préposition.)

Υ. Quelquefois groupé avec une ligne horizontale, pour δηνάρια, deniers. (pièces de monnaie.)

XEIP. χειρυργός, ouvrier, chirurgien.

XI. XP. (groupés.) XPΥ. ΚΣ, etc. Ἰησῦς Χριςος.

Ψ. Signe de ponctuation ou de séparation des
mots.

Ψ. B. ψεφίσματι βυλῆς, par décret du sénat.

Ω. ὧραι, heures. (Dans l'indication de l'âge
d'un mort.)

Ω. οκτοϐριας, calendes d'octobre.

Ω. XP (groupés.) A. ὠμέγα Χριςὸς ἄλφα, le
Christ, qui est alpha et omega.

On n'a pas compris dans cette liste abrégée les noms propres, les titres des magistrats de divers ordres, les noms de nombre exprimés par les lettres de l'alphabet
grec et qu'on trouve partout ailleurs, ni les
noms de lieux ; comme il n'y a assez ordinairement qu'une manière de remplir les
abréviations de ce genre, un archéologue
suffisamment instruit, y suppléra sans beaucoup de difficultés, sur-tout en consultant
les listes complètes des abréviations grecques, publiées par plusieurs critiques. Il
est presqu'inutile d'avertir que les mots de
notre liste qui sont les équivalens des sigles
placées avant ces mots au commencement de
la ligne, étant au nominatif, doivent être

soumis , dans l'interprétation de l'inscription où on les trouve , aux règles grammaticales de la langue grecque. On remarquera
peut-être dans la liste qui précède un certain nombre de mots purement latins écrits
tout simplement en lettres grecques : nous
avons dû les recueillir avec soin, précisément
parce qu'on ne soupçonne pas des mots latins dans une inscription grecque. Il en a
été de même pour les sigles particulières aux
inscriptions chrétiennes; c'est assez ordinairement à cette classe qu'appartiennent les
inscriptions grecques qu'on découvre en
France et sur le continent de l'Europe.

§ III. ÉTRUSQUES.

91. Sous le titre de palæographie étrusque
nous comprenons ; 1 les inscriptions des
Étrusques proprement dits, dont le territoire
était borné par la Macra et le Tibre ; 2°
celles des Sabins, des Volsques et des Samnites (Étrurie inférieure), peuples qui ha-
bitaient à l'orient du Tibre ; 3° enfin celles
de l'Étrurie supérieure qui occupait les rives du Pô. Les documens qui nous restent
des uns et des autres sont assez peu nombreux, leurs alphabets et leurs formules

sont assez analogues, pour ne pas exiger de
minutieuses distinctions qui, pour ces deux
motifs même, seraient assez difficiles à établir. La nation étrusque fut d'ailleurs la plus
puissante de tous les peuples italiotes ; ses
monumens écrits sont les plus connus,
ceux dont les savans se sont le plus occupés,
et il résulte des recherches qu'ils ont publiées, une assez grande divergence d'opinions non-seulement sur l'origine de l'alphabet étrusque, sur l'époque de son invention
ou de son introduction en Italie, mais sur le
temps même auquel ou peut assigner les
plus anciens monumens écrits de cette nation. Sans nous occuper ici de ces graves
questions, nous allons exposer les préceptes
les plus certains sur la palæographie étrusque, tels du moins que les ont faits les doctes
critiques dont le sentiment a réuni les plus im-
posans suffrages. Nous avons dû considérer
aussi que les monumens de ce genre ne se
trouvant qu'en Italie, et leur étude ne pouvant être d'une très grande importance pour
l'archéologie française, il pouvait suffire au
but de cet ouvrage, d'y consigner les généralités relatives à cette classe de monumens.
Le sujet du plus grand nombre d'entre eux,

offrant encore beaucoup d'incertitudes, il suffira de les considérer ici dans un ordre dépendant de leur plus ou moins grande étendue : les inscriptions *funéraires* sont les seules dont la nature soit reconnue sans opposition.

92. Comme remarques générales applicables à la lecture des inscriptions étrusques, nous dirons : 1° que les inscriptions sont toujours écrites de droite à gauche; 2° que les voyelles sont très ordinairement supprimées et que les consonnes sont les seules lettres constamment exprimées, soit que l'usage de supprimer les voyelles dans l'écriture fût propre aux italiotes comme aux orientaux, soit qu'ils astreignissent trop l'écriture à figurer en quelque sorte la prononciation, et l'on a reconnu que plus une inscription étrusque est ancienne, moins on y retrouve de voyelles. Il faut donc les suppléer, et ce devoir n'est pas facile, lorsqu'il s'agit des mots d'une langue qui est perdue : ce n'est donc que par l'analogie et en trouvant dans une autre inscription le même mot avec une ou plusieurs des voyelles qui entrent dans sa composition, qu'on peut espérer de sup-

pléer ces voyelles avec quelque certitude.
Mais selon le système de l'illustre Lanzi, il
suffirait de se guider dans ce travail très ha-
zardeux, par le mot grec ou latin qui, par
le nombre et l'ordre des consonnes, a le
plus de rapport avec le mot étrusque abrégé,
et l'on sent que l'on peut ainsi assez aisément
faire une phrase latine ou grecque et même
française avec une phrase étrusque dont on
n'écrit que les consonnes : la méthode la
plus sûre, la plus digne du suffrage des
bons critiques, me semble donc consister
dans les rapprochemens du même mot employé dans plusieurs inscriptions ; 3° que les
mots d'une inscription sont quelquefois séparés par un point ou par deux, même par
un trait perpendiculaire irrégulier, et souvent ne le sont par aucun signe ; c'est là une
difficulté de plus et qui exige, pour être sur-
montée, une grande habitude des textes
étrusques ; 4° qu'une inscription étrusque,
sur-tout si elle est funéraire, est parfois bilingue, c'est-à-dire en étrusque d'abord et
en latin au-dessous, ou bien dans un ordre
contraire; comme elles ne contiennent que
des noms écrits selon ces deux alphabets,

elles ont été d'un grand secours pour restituer l'alphabet étrusque ; 5° que si l'inscription est sur une plaque de bronze ou de plomb, elle est souvent tracée sur les deux côtés de cette plaque, et que quelques inscriptions, quoique en caractère étrusque, sont cependant purement romaines.

93. Les *grandes inscriptions* étrusques sont peu nombreuses, et les plus célèbres sont : 1° celles qu'on a trouvées à Goubio, l'antique Eugubium en 1444, connues sous le nom de *tables eugubines*, et desquelles un français, Bourguet, tira le premier alphabet étrusque en 1732 ; 2° le grand cippe quadrangulaire, d'environ 5 pieds de hauteur, découvert en 1822 auprès de Pérouse, et sur lequel M. Vermiglioli vient de publier de doctes conjectures. Les tables eugubines en caractères étrusques (nous parlerons ailleurs de celles qui sont en caractères latins), ont beaucoup exercé la sagacité des critiques, et il paraît, d'après l'illustre Lanzi, que leur texte regarde entièrement des matières religieuses, qu'elles sont des fragmens de ce que les anciens nommaient *pontificales et rituales libri*. Ce sont les *fratres*

atherii ou *atheriates*, ordre particulier de prêtres, qui doivent exécuter les cérémonies prescrites par ce rituel, et les prêtres appartiennent à une tribu nommée *Ikuvina*, qui fit ensuite alliance avec les Romains. Quelques uns de ces prêtres y sont nommés, ainsi que divers lieux de cette partie de l'Italie et plusieurs familles connues ailleurs par les rapports de l'histoire. On y distingue aussi quelques noms de divinités locales. Viennent ensuite les formules des prières qui doivent précéder les sacrifices, la désignation des animaux et des comestibles à offrir dans ces sacrifices, l'indication des parties des victimes consacrées aux dieux, ce qui concerne la cuisson des viandes, enfin les actes qui doivent suivre les sacrifices. Lanzi croit aussi avoir discerné plusieurs indications d'époques, telles que les *ides* de *novembre* etc., et même une date, A. CCC, l'an 300. Pour faire comprendre la méthode d'interprétation de Lanzi, nous citerons ici un seul passage, et nous avons choisi l'un de ceux où le célèbre interprète a eu le moins à suppléer de lettres et de mots : ce sont les lignes 28, 29 et 30 de la table n° 1 et 2 selon Demspter, et le lecteur voudra bien supposer ces lignes écrites en caractères étrusques tracés de *droite à gauche;* notre inversion de gauche à droite conserve exactement l'ordre et la correspondance des lettres et des mots selon le texte étrusque qui est sous nos yeux; la version latine de Lanzi est ici interlinéaire, afin de mieux exposer la corrélation des mots dans les deux langues :

IVIKA : MERSUVA : UVIIKUM : GA-
jecora   μηρία (femora) ovium   ha-
BETU : PHPATRUSTE : ATIIERIE :
beto *à*   fratribus   Atheriatibus...
AHTISPER : EIIKVASATIS : TUTATES :
     pro   vadatis   tota
IIUVINA : TREPHITER : IIUVINA :
  Jovina   tribu *pro*   jovina
SAIKRE.
sacrum.

On remarquera toutes ces analogies de mots étrusques avec le latin, et que dans ce passage, Lanzi n'a eu recours qu'à un seul mot grec, mais il est rarement aussi sobre de tels secours.

94. L'inscription de Pérouse occupe la face

antérieure et le côté gauche du cippe ; M. Vermiglioli conjecture qu'elle se rapporte aux lois rurales, à la limitation des terres, etc., et ce savant en a entrepris l'interprétation conjecturale d'après les principes exposés et pratiqués par Lanzi ; il s'occupe donc de chaque mot l'un après l'autre, reconnaît ceux qui sont des noms propres d'hommes ou de lieux, comme le prouvent quelques inscriptions funéraires, et il cherche les analogues des autres dans le grec ou le latin, pour déterminer leur expression probable au moyen de ces analogies. On voit par-là que la critique interprétative des monumens écrits provenant des divers peuples de l'Italie primitive, est très peu avancée, si ce n'est dans la lecture des noms d'hommes et de lieux qui varient peu sous les différentes dominations auxquelles ils sont successivement soumis. Les autres genres d'inscriptions étrusques dont il nous reste à parler, confirmeront ces aperçus généraux.

95. Les *inscriptions votives* et autres, celles qui se trouvent sur des vases, sur des cachets, des piédestaux, des figurines, des ustensiles, etc., sont en général fort cour-

tes. Les figurines, de forme humaine, en offrent rarement, les attributs et les symboles qu'elles portent suffisant pour les caractériser. Les figurines représentant des animaux tels que porcs, loups, etc., et même des chimères, ont une courte inscription qui est ordinairement le nom d'une divinité à laquelle la figurine a été offerte, ou bien le nom de la personne qui en a fait l'offrande, et cette inscription est presque toujours écrite sur une partie du corps de la figure consacrée. Les inscriptions de cette dernière espèce sont caractérisées par des formules souvent répétées sur les monumens, et d'où l'on a conclu leur généralité et leur expression. Les formules les plus ordinaires sont les suivantes : MI : CANA, *m'a donné*, ⵟ sur les plus anciens monumens); TECE et analogues, pour le grec ἔθηκε, *a placé, a dédié*; TURUCE, TURCE, *a donné, a dédié*, c'est la formule la plus commune ; PHLERES, *don, consécration*; SUTHI, SUTHIL, de Σωτηρία, *pour le salut de*, ou *pour*.... On a reconnu aussi quelques noms de divinités dans ces inscriptions, et entre autres *Apulufe*, Apollon, *Aritimi*, Ar-

témis (Diane); *Selvan* , Silvain ; *Marte* ,
Mars ; *Menerva* , Minerve ; *Mercuriei* , Mercure.

96. D'autres inscriptions , non funéraires,
se rapportent aux usages domestiques des
italiotes : ils écrivaient sur la porte principale de leur maison, ARSE VERSE, et c'é-
tait une invocation contre les incendies , ces
deux mots signifiant selon Sextus *averte*
ignem. Dans les champs, des cippes portaient ces mots : MAPTE HURIE (ou Thu-
rie) à *Mars Terminalis.* EAN , pour EVAN ,
écrit sur une amulette ayant la forme d'un
cœur, est le titre d'un initié aux mystères
de Bacchus, et Virgile les nomme en effet
Evantes ; ce même mot *evan* était l'acclamation ordinaire dans la célébration de ces
mystères. Sur les autels , les candélabres,
etc., on voit les noms et prénoms des personnes qui les ont offerts aux dieux avec ou
sans la formule MI CANA (m'a donné).
Une tour près de Pérouse porte une grande
inscription en plusieurs lignes ; on en trouve
aussi dans des grottes , et par une singularité remarquable, une de celles-ci se compose des lettres mêmes de l'alphabet étrus-

que dans l'ordre ordinaire. On a reconnu aussi dans ces inscriptions votives ou historiques, des noms de magistrats, de familles, de lieux, de colléges politiques ou religieux, et telle est l'inscription qui constate qu'une statue de bronze, qui est au musée royal de Florence, est celle d'Aulesius Metellus, fils de Velius et de Vesia, et qu'elle fut érigée en son honneur par l'ordre des décurions et la cité entière des Pitalani.

97. Les *inscriptions funéraires* étrusques sont les plus nombreuses, et leur nature même explique cette particularité. On les trouve, écrites ou gravées, sur des pierres isolées, des urnes cinéraires, des bas-reliefs peints ou sculptés, sur de petites colonnes, des briques, ou des plaques de métal, dans les grottes, les chambres sépulcrales, ou enfouies dans la terre. Assez ordinairement les lettres gravées sur la pierre ont été ensuite colorées en rouge au pinceau. Les inscriptions qui se lisent sur des urnes portant des bas-reliefs, ont rarement quelque rapport avec le sujet de la sculpture, et l'on a vu la même représentation répétée sur plusieurs urnes dont chacune portait une inscription diffé-

rente. Elle est simplement relative au mort, dont elle contient le prénom et le nom ; un surnom s'y trouve quelquefois, mais très rarement ; le nom du père y est aussi, mais plus ordinairement celui de la mère suivant l'usage de plusieurs des peuples les plus anciens. Pour les femmes, on ajoutait à leur nom celui de leur mari ou de la famille à laquelle elles s'alliaient ; enfin on terminait quelquefois une inscription funéraire par l'indication de l'âge du défunt, mais il y en a peu d'exemples. Les inscriptions étrusques funéraires, se distinguent donc par une extrême simplicité comme par leur peu d'étendue.

98. Les noms qu'on y a lus sont ordinairement au nominatif, moins souvent au génitif et alors ils sont précédés du monosyllabe MI. *je suis*, comme MI. LARTHIAS, *sum larthiæ*, je suis (le tombeau) de Larthias. Si l'inscription ne porte que le nom du défunt, sans son prénom ni son surnom, c'est l'indice que le monument est d'une grande antiquité si la forme des caractères le démontre aussi, ou bien il est celui d'une personne peu considérable ; dans le premier

cas, si l'inscription est des temps primitifs de l'Italie, où les individus ne portaient qu'un seul nom, les prénoms sont; 1° d'origine étrusque pure, comme *Lucumo*, *Aruns* etc., que Denys d'Halicarnasse appelle des noms Tyrrhéniens, et c'est une marque certaine d'antiquité relative; 2° communs aux étrusques de toutes les régions et aux romains, et ce sont les plus fréquents. Les mêmes prénoms sont employés en parlant des femmes, aussi bien qu'en parlant des hommes, mais pour les unes ils finissent en A, et pour les autres en E; les femmes, quoique très jeunes, portent déjà un prénom, ce qui en prouve l'usage général chez les Étrusques. Ceux de leurs prénoms qu'on ne retrouve pas dans la liste des prénoms romains, sont *Annius* et *Ennius*; *Lar* et *Laris*, qui a fait *Larentia* (Acca Larentia, ensuite Laurentia), et Lare surnommé Porsena, (Porsenna); *Lartes*, Larthes et Larthia : *Lautme*; *Lucumo*; *Tanquil* et Tanaquil; *Velius* et Velia.

99. Les noms propres, ou de famille, sont assez nombreux et ont passé pour la plupart chez les Romains. Ils sont quelque-

fois abrégés, mais on les termine facilement, d'après leurs désinences habituelles, en E pour les noms d'hommes, en A pour ceux de femmes. On y remarque les mêmes dérivations et diminutifs que dans les noms romains ; *Metlna* pour Metellina, dérivation et diminutif de *Matalla*, à moins, comme on l'a pensé aussi, que dans ces noms N ne soit employé pour I, ce qui semble moins naturel. Les noms féminins se terminent aussi très souvent par la diphthongue EI à la dernière syllabe comme *Aruntleia* pour Aruntilia, ce qui ne prouverait qu'une chose, c'est-à-dire que cette diphthongue EI se prononçait I, et l'ancienne orthographe latine nous l'avait déja appris. Mais cette désinence peut aussi être le caractère d'un adjectif, et le mot précité signifier que la femme qui le portait était la fille ou l'épouse d'*Aruns*.

100. Quant au surnom, le *cognomen* des Latins, on a déjà dit qu'il est assez rare, et il est ordinairement tiré du nom même de la mère pour les hommes, et pour les femmes du nom de leur père ou de celui de leur mari. Le fils ajoutait le nom de son père au sien propre, à la manière des Grecs et des Latins,

et le nom du père est alors terminé par **S**, signe du génitif : le mot répondant à l'idée *fils* était souvent supprimé, ou bien exprimé par le monosyllabe **FIS**, et fille l'était par le même mot, mais au féminin, **FIA**; le nom de la mère, s'il était rapporté en même temps, se terminait par **L**, et **CURIAL** signifie *né de* Curia. Les surnoms des femmes, tirés du nom de leur père, prenaient aussi quelquefois une désinence adjective en **ISA**, comme *Larthalisa* née de Lartha; ils se terminent aussi quelquefois par **CLAN**, marque de dérivation ou de l'ablatif, comme Thocernalclan né de Thocerna ou Thocernia, ou bien en *ina* ou *ena*, imité par les latins, comme *Hilaria*, *Hilaricna*, née d'Hilaria. La terminaison en *al*, qui a la même signification, a aussi été adoptée par les romains; *Attial-is*, de la famille *Attia*.

101. L'âge du défunt est quelquefois indiqué dans les inscriptions funéraires, et les chiffres signes de nombre des anciens Italiotes, sont précédés des mots **RIL**, ou **AVIL**, **AVILS**, **AIVIL**, que Lanzi croit analogues au latin *ævum*, qui a fait *ævitas* dans l'ancien latin (lois des XII tables) et ensuite

ætas , âge. On remarque aussi des mots souvent reproduits dans diverses inscriptions, et qui ne paraissent pas dépendre de la phrase énonciative des nom et filiation du mort, et tels sont LEINE, TULAR ou THILAR. On a reconnu dans le premier une espèce d'acclamation , de souhait , analogue au mot latin *lenis* et *leniter*, et employé comme l'était le vœu si ordinaire des Latins: SIT TIBI TERRA LEVIS; Ovide a dit aussi MOLLITER *ossa cubent*. Quant aux deux autres , ils servaient comme de titre à l'objet qui renfermait la cendre , c'était l'*ollarium* du latin.

102. Pour donner à l'exposé qui précède toute l'autorité que les exemples ajoutent d'ordinaire aux préceptes , nous réunissons ici quelques inscriptions étrusques variées dans leurs formes, afin de faire passer sous les yeux du lecteur des modèles de ce genre de monumens, avec leur interprétation d'après les règles prescrites par les savans critiques italiens , qui ont le plus étudié cette matière. (On a déjà dit que ces inscriptions sont , comme toutes les autres , écrites de droite à gauche). FEL. MULEFI. MUEH-

NATIAL. *Velia Mulvia* Munatiæ (filia)
═ AULE. FARU. NICUSAL. *Aulus Varius
Nicusiæ* (filius) ═ VETI. VELUS. TINS.
Vetia Velii Tini (Uxor) ═ AR. ATINEI.
AR. SEPHRIAL. *Aruntia Atinia Arunitea*
(Aruntii filia) *Sephriâ* nata. ═ AV. LECV.
RIL IXX. *Aula Læca annis* XIX. ═ LS.
PHLAVE. LS CVRIAL. RIL... *Lars Fla-
vius Laris* (filius) *Curiâ* natus annis... ═ PEP-
NA. RVIPHE. APTHAL. AFILS. XVIII.
Perpenna Rufius Arunthii (filius) annis
XVIII. ═ MI. LARUS. ARIANAS. ANAS-
SES. KLAM. Sum *Laris Ariani* (filius)
Anasse (Anniaxiâ) natus.

103. Les abréviations les plus communes
dans les inscriptions étrusques, en ce qui
concerne les noms, prénoms et surnoms,
sont les suivantes :

A. AV. AVL. Aulus, Aula.
AN. Annius, Annia.
AP. Appius, Appia.
AR. ARNT. Aruns, Arruntius, Arruntia, Ar-
   runthius.
AT. ATH. Attius, Attia.
C. Caius, Caia.
EL. Ælius, Ælia.

HAT. Adria. (ville.)
L. LS. LR. LTH. Lar , Lars , Larthia.
MA. Marcus.
PHA. PHT. Faustus , Fausta.
SE. SEKS. Sextus , Sexta.
TLA. Telamon. (ville.)
TU. Tuder. (ville.)
THA. THN. Thannia.
V. F. FL. FE. FEL. Velius , Velia.

14. Nous bornons ici ces documens élémentaires sur l'étude de la palæographie étrusque, malheureusement peu cultivée en France. Il est vrai que les monumens qui appartiennent à cette étude, ne sont pas des produits du sol de la patrie, et que les antiquités nationales, sur lesquelles il reste encore tant de doutes à éclaircir, tant de questions à résoudre, méritent de la part des savans français une juste préférence. Mais les monumens étrusques appartiennent à une époque et à un peuple qui intéressent non-seulement l'histoire générale , mais encore assez spécialement l'histoire des Gaulois. Ceux-ci firent de fréquentes incursions en Italie, mais non sans y recueillir ou sans y laisser des idées nouvelles et des notions

qui pouvaient être ignorées par les institu-
teurs de la civilisation de l'Italie ou des Gaules. Il y a eu d'ailleurs dans tous les siècles,
directement ou indirectement, des relations
nécessaires entre les peuples occupant des
régions voisines ; le vieux latin a aussi des
mots, exclus plus tard de la latinité du temps
d'Auguste, et qui sont encore nationaux en
France : les rapports certains, du moins
quant aux mots, des dialectes étrusques
avec le grec et le latin auxquels le français
se lie aussi intimement, doivent établir un
ensemble d'analogies assez curieuses à rechercher au travers des traditions de l'histoire
s'il en existe, ou au moins à la faveur d'un
certain nombre de faits positifs qu'il serait utile et possible de constater méthodiquement,
et dont la série ne pourrait que s'accroître par
une étude plus généralisée et plus approfondie. De plus les Gaulois se servaient de l'alphabet grec, les Latins aussi, et l'ancien alphabet grec est le même que l'alphabet
étrusque : voila encore des analogies d'un
grand poids. Les antiquités étrusques peuvent
donc avoir, avec les antiquités gauloises, des
points de contact qu'il s'agit de reconnaître

complètement ; et nos relations historiques ,
où l'on donne si peu d'importance à ces deux
peuples qui dominèrent long-temps dans
deux grandes régions du continent de l'Europe, ne peuvent qu'y gagner et plus de vérité et plus d'intérêt.

§ IV. ROMAINS.

105. Les plus anciennes inscriptions romaines remontent aux premiers siècles de
Rome, mais elles sont fort rares. Il résulte
de leur examen ; 1° que le premier alphabet latin fut composé de 16 lettres seulement, comme celui des Grecs , comme
celui des Étrusques; 2_0 que les formes des
signes de ces trois alphabets étaient on pourait dire identiques , et les monumens confirment, en ce point remarquable , les rapports des historiens. Ceux-ci nous ont transmis des indications assez précises sur ce
sujet, et il ne faut, pour en déduire les
traditions les plus certaines, que distinguer
attentivement ce qu'ils disent du *son* d'une
lettre, d'avec ce qui ne se rapporte qu'à sa
forme , celle-ci ayant quelquefois subi

plusieurs variations utiles à connaître pour discerner l'âge d'une inscription. Il résultait aussi du petit nombre des signes de l'alphabet primitif, que la même lettre figurait plusieurs sons. C s'employa en même temps pour G, pour Q et pour X, *acna* pour agna, *cotidiè* pour quotidie, *facit* pour faxit, *vogs* pour vox. Z était remplacé par *cs*, *gs*, *d* ou *ss*, *crotalissare* pour crotalizare. Une voyelle brève était souvent omise, la consonne l'emportait avec elle dans la prononciation, *quam syllaba nomine suo exprimit*, disait Quintilien; on trouve donc *Lebro* pour Lebero (libero), *bne* pour bene, *krus* pour carus, *cante* pour canete, *poclum* pour poculum; l'*i* sur-tout subissait cette suppression, et l'on écrivait *are* au lieu d'aries, *evenat* au lieu d'eveniat. Une voyelle initiale ou finale était soumise à la même coutume, ainsi que les consonnes redoublées introduites assez tard dans l'orthographe. M, N, S, étaient aussi omis quelquefois, même au milieu des mots et l'on disait, *Popeius* pour Pompeius, *cosol*, *cesor* pour consul, censor. Les voyelles longues étaient figurées par les voyelles brèves analogues redoublées, *feelix* pour felix, *juus* pour jus. La rencontre de deux consonnes était évitée par l'insertion d'une voyelle : *auceta*, *sinisterum*, *materi* pour aucta, sinistrum, matri ; ils évitèrent aussi les hiatus, au moyen d'une consonne, le D ordinairement, entre deux voyelles, comme *antidac* pour antehac ; il en était de même entre deux mots dont l'un finissait et dont le suivant commençait par une voyelle, *med*, *altod*, *marid*, pour me, alto, mari. Les permutations des lettres du même organe furent aussi très fréquentes. L'aspiration H se voit très rarement dans les inscriptions les plus anciennes, elle ne fut d'un usage général que dès le VIIe siècle de Rome, où il fut même porté jusqu'à l'abus. La diphthongue EI pour I est très fréquente, même dans les noms propres et les substantifs aux cas terminés par cette voyelle, *Casseius*, *virtutei*, pour Cassius et virtuti. Quant à la ponctuation, quelquefois chaque mot est séparé du suivant par un signe, quelquefois il ne l'est pas du tout ; plus ordinairement une préposition ne forme qu'un seul mot avec son complément, *denovo*, *ingalliam*, pour de novo, in Galliam ; les syllabes

d'un mot composé sont aussi parfois séparées selon ses diverses racines, ou même
selon la racine et la désinence, comme *quo-
ties quomque*, *marti alis*. Enfin, la même
inscription présente quelquefois le même
mot avec une orthographe différente, comme
ERUNT, qui est écrit sur le monument
d'Eugubium ; 1° *erihont* ; 2° *erafont* ; 3° *eri-
vont*. Mais il faut avoir égard, dans toutes
ces remarques, aux variations inévitables
d'orthographe dans toute langue qui se forme et se perfectionne successivement dans
sa constitution logique, comme aussi à l'influence de la prononciation sur l'orthographe, et enfin au plus ou moins de science
grammaticale que possédait le graveur ou
le rédacteur de l'inscription, dans le latin
sur-tout dont la grammaire, du moins en ce
qui touche aux genres, aux nombres, aux
cas du nom, aux personnes et aux temps des
verbes, ne s'est fixée que très tard par l'influence des grands écrivains de la fin de la
république ; et dans l'usage général ou po-
pulaire, la langue parlée ayant trop ha-
bituellement dédaigné ces règles sévères,
comme nous le montrent des monumens

dont les incorrections trouvent leur excuse dans cet usage même.

106. Les plus anciennes inscriptions des Romains, celles d'où l'on peut déduire toute l'histoire des variations de leur langue écrite et parlée, sont 1° le chant des *fratres Arvali*, découvert dans les fondations de la sacristie de Saint-Pierre de Rome, en 1778, chant en usage dans ce collége de prêtres qui remontait jusqu'à Romulus ; 2° la colonne de Duillius, qui vainquit les Carthaginois en 494, de Rome (260 avant J.-C.); elle est au capitole, mais quoiqu'elle soit en ancienne orthographe latine, on pense que l'inscription primitive, dégradée par le temps, a été remplacée par cette copie sous le règne de Claude ; 3° l'inscription de Scipion Barbatus, l'an de Rome 456 (298 ans avant J.-C.), trouvée dans le tombeau des Scipions qui fut découvert en 1780, et qui, par le nombre des monumens écrits qu'il renferme, nous montre l'état de l'alphabet et de l'orthographe du latin depuis le IVe jusqu'au VIe siècle de Rome ; 4° la table latine d'Eugubinm, dont Lanzi descend l'époque jusqu'au VIIe siècle de Rome. On pou-

rait indiquer ici d'autres monumens non moins utiles pour l'étude de la palæographie romaine, mais les exemples qu'on peut tirer de l'examen des quatre principaux qui viennent d'être indiqués, suffisent pour acquérir une connaissance positive des élémens de cette étude.

107. Les inscriptions romaines deviennent moins rares pour le VIIe siècle de Rome, (150 ans avant J.-C.) et les époques postérieures, à mesure qu'on se rapproche des temps des empereurs. Les inscriptions sont sur-tout communes pour leur époque. Ce fut vers le commencement de ce VIIe siècle, que les Romains s'établirent dans la partie des Gaules située en deçà des Alpes ; Cæsar et Auguste en achevèrent la conquête, et l'on retrouve fréquemment des monumens de leur autorité, de celle de leurs délégués, et de l'influence romaine sur les mœurs et les usages des Gaulois. Il en est de même en Italie, en Espagne et dans les régions du nord de l'Europe ; pour peu qu'on fouille la terre profondément, ou qu'on touche à d'anciennes constructions, des monumens romains se montrent partout, et leurs

inscriptions bien interprétées jettent que-
quefois sur des points obscurs de l'histoire ,
une lumière inespérée. On doit donc les recueillir , même leurs débris , avec un soin
religieux que commande l'intérêt des anciennes annales de l'Europe.

108. Le texte de ces inscriptions se rapporte ou au culte des dieux , aux cérémonies de la religion, à l'histoire en tant qu'elles
contiennent des actes de l'autorité publique,
des noms de prêtres et de magistrats , des
indications d'époque ou de lieu , des faits
d'un intérêt général , tels que les constructions et la dédicace des ouvrages publics,
les honneurs décernés à des citoyens illustres ; ou bien aux usages et aux croyances,
comme les inscriptions funéraires, et celles-ci
sont les plus nombreuses, celles qu'on découvre le plus ordinairement dans tous les
pays. On dédiait aux dieux des autels , des
statues , des temples ; on leur faisait des
vœux dont on constatait l'accomplissement
par une inscription gravée sur l'objet même
qui leur avait été voué. Les noms et les
surnoms des dieux sont ordinairement aux
premières lignes de l'inscription et au datif,

comme IOVI SERENO , MARTI AUGUS-
TO. Vient ensuite le nom de celui qui con-
sacre le monument, et ce nom est suivi des
titres et qualités du dévot , quelquefois des
motifs du vœu et de son accomplissement
(*voto suscepto*) , et de la formule EX VOTO
qui indique le motif du monument. Cette
formule s'exprime souvent aussi par EX.
VOTO. S. L. M. ou bien V. S. L. M.
votum solvit lubens merito ; ou bien UT VO-
VERAT. D. D. *ut voverat dedit , dedicavit.*
Si l'inscription est terminée par le mot SA-
CRUM , ou simplement S. qui en est l'abréviation , elle n'est plus l'effet d'un vœu ,
mais seulement de la piété de celui qui en a
fait les frais.

109. On doit classer aussi parmi les inscriptions religieuses, les actes des colléges de
prêtres, les sacrifices tels que les tauroboles,
(sacrifice d'un taureau) les suovetauriles
(d'un porc , d'une brebis et d'un taureau).
Ils avaient toujours pour objet la santé du
prince , ou ses succès dans une entreprise
difficile; l'inscription nomme la personne qui
a fait les frais du sacrifice, le magistrat qui a
présidé , le prêtre qui a fait l'invocation , les

chanteurs, le joueur de flûte, le décorateur,
et l'indication de l'époque la termine.

110. Les inscriptions historiques comprennent les sénatus-consultes, les plé-
biscites, les décrets, lettres et discours des
magistrats des colléges civils des empereurs, les conventions d'hospitalité, de clien-
telle, de patronage entre les villes, colonies,
municipes ou corporations, et entre les citoyens ; les diplômes militaires, et tout ce qui
se rapporte aux droits civils et politiques.
On comprend aussi dans la même classe, les
inscriptions des monumens publics, et qui
indiquent ordinairement l'époque de la
construction de l'édifice, l'objet qu'on s'est
proposé, qui en a fait les frais, et quelquefois aussi des réparations partielles rendues
nécessaires par des dégradations ; et telles
sont les inscriptions qu'on lit sur les arcs de
triomphe, les colonnes, les théâtres, am-
phithéâtres et basiliques, sur des bains, des
ponts, des aqueducs, des portes et murail-
les de villes, enfin sur les colonnes milliaires qui marquent les distances sur les voies
publiques. Ces colonnes ne contiennent ordinairement que les noms, les titres et sur-

noms (à l'ablatif si le nominatif n'est pas exprimé), de l'empereur sous le règne duquel la route a été construite ou réparée, suivis de l'indication du nombre de mille pas romains où la borne se trouve d'un lieu qui a été pris pour point de départ. Le nom de ce lieu se trouve rarement sur la colonne. A l'égard de ces inscriptions comme de toutes celles qui appartiennent à la classe des monumens historiques, les abréviations sont la partie qui embarrasse le plus ordinairement leurs interprètes ; les titres des empereurs sont quelquefois très nombreux, et ceux des magistrats, presque toujours indiqués par la seule lettre initiale du mot. Pour ne pas exposer trop au long la méthode la plus usuelle dans ces interprétations, nous citerons ici un exemple, parce que dans tout enseignement les exemples sont plus puissans que les préceptes, et l'on trouvera dans l'inscription suivante, découverte à Narbonne, presque toutes les formules relatives aux titres des empereurs romains :

IMP. CAESARI. DIVI. ANTONINI PII
FIL. DIVI. HADRIANI. NEPOTI. DIVI.

TRAIANI. PARTHICI. PRONEPOTI. DI-
VI. NERVAE. ABNEPOTI. L. AVRE-
LIO. VERO. AVG. ARMENIACO. PONT.
MAXIM. TRIBUNIC. POTESTAT. IIII.
IMP. II. COS. II. PROCOS. DECUMANI.
NARBONENSES.

Cette inscription a fort peu d'abréviations, mais les mots presqu'entiers aideront
à les faire reconnaître plus facilement partout ailleurs où ils seront plus abrégés. Dans
tout état de choses, on doit saisir d'abord
la construction de la phrase, en se dirigeant
par le verbe s'il est exprimé, ou par les cas
des noms si le verbe est sous-entendu. On
reconnaît donc ici les derniers mots, qui
sont deux nominatifs, comme le sujet
même de la phrase; le verbe n'est pas exprimé, mais tous les autres mots qui sont au
datif avec des complémens au génitif n'en
sont pas moins le complément général de
la phrase. Comme la plupart de ces mots
sont qualificatifs, ils se rapportent ainsi à un
mot principal, qui est le nom même de l'empereur auquel le monument est dédié. La construction logique de cette phrase sera donc :

Decumani Narbonenses (dedicaverunt hoc monumentum) *imperatori Cæsari Lucio Aurelio Vero Augusto armeniaco , pontifici maximo, (ex) tribuniciâ potestate quartùm, imperatori secundùm , consuli secundùm , proconsuli ; filio divi Antionini Pii , nepoti divi Hadriani , pronepoti divi Trajani Parthici , abnepoti divi Nervæ.* On la traduira ainsi. « Les dé-
« cumans de Narbonne (ont dédié ce monu-
« ment) à l'empereur César Lucius Au-
« rélius Verus , Auguste , l'Arméniaque ,
« grand pontife, exerçant le pouvoir tribuni-
« cien pour la quatrième fois , empereur
« pour la seconde fois , consul pour la se-
« conde fois, proconsul ; fils du divin An-
« tonin le pieux , petit-fils du divin Ha-
« drien, arrière petit-fils du divin Trajan le
« Parthique, ex-arrière petit-fils du divin
« Nerva. » On remarquera ; 1° les mots *decumani narbonenses* , comme indication géographique ; 2° les titres, prénoms et noms de
l'empereur auquel le monument est dédié ,
Lucius Aurelius Verus, Auguste, d'abord
collégue et ensuite successeur de Marc-
Aurèle ; 3° le surnom d'Arméniaque , parce
qu'il fit en effet la guerre en Syrie et dans

l'Arménie ; 4° le titre de grand pontife, commun à tous les empereurs, qui réunissaient en leur personne le sacerdoce et l'empire ; 5° La quatrième tribunicie, ces princes cumulant aussi le pouvoir des tribuns qui étaient renouvelés tous les ans, et comme les empereurs renouvelaient aussi fictivement en eux-mêmes ce pouvoir dès la première année de leur avènement, l'indication du nombre de ces simulacres de tribunicie, est aussi l'indication de l'année du règne même du prince ; l'inscription de Narbonne est donc de la 4ᵉ année du règne de Lucius Verus, et de l'an 164 de J.-C., Verus ayant été associé à l'empire par Marc-Aurèle au mois de mars 161 ; 6° les mots empereur pour la seconde fois, ce titre d'empereur suivi d'un nombre, ne devant pas être confondu avec le même titre du commencement de la phrase où il est la qualification même du pouvoir souverain ; ici il se rapporte à deux victoires remportées par ce prince, et c'est l'armée qui le lui a décerné deux fois ; 7° les mots consul pour la seconde fois ; les empereurs étaient quelquefois consuls avant de parvenir au trône et même durant leur règne ; 8° le titre de proconsul qu'il réunit à tous les autres ; 9° les mots fils, petit-fils, arrière petit-fils et ex arrière petit-fils, qui indiquent sa généalogie naturelle ou adoptive, chacun de ses prédécesseurs étant qualifié de *Divus*, titre qui n'était donné aux empereurs qu'après leur mort. L'examen successif des mots de cette inscription, conduit donc à en reconnaître le sujet, l'époque, les auteurs et le prince qui en est l'objet. Pour ce genre de monumens il est très utile de se familiariser avec le texte des légendes impériales, où les prénoms, les surnoms, titres et qualités des princes sont ordinairement écrits en abrégé.

111. A l'égard de l'époque précise d'une inscription historique ou autre, on peut la déduire des indications analogues à celles que nous venons de faire remarquer : 1° par le nombre des tribunicies d'un empereur, qui répond constamment au nombre des années du règne comptées depuis son avènement ; 2° quelquefois par les consulats ; mais les consulats ne se succédant pas annuellement pour le même personnage, il en résulte qu'un empereur n'a été consul

qu'une fois ou deux , quoiqu'il soit parvenu à la 4e, à la 10e ou la dernière année de son règne. Dans ce cas, et si le nombre des tribunicies n'est pas exprimé , on doit s'attacher à quelqu'autre circonstance du règne énoncée dans l'inscription , soit au nombre même des consulats , parce qu'il est certain que l'inscription n'est pas antérieure à l'année où l'empereur a exercé le dernier consulat énuméré dans l'inscription; soit aux surnoms tirés de ses victoires, parce que l'histoire indique le temps où il les a obtenues; 3° au moyen de la date même du monument exprimée par les noms des consuls en exercice , comme: T. SEXTIO. LATERANO. L. CUSPIO. RUFINO. COS., *Tito Sextio Laterano*, *Lucio Cuspio Rufino consulibus;* et l'on voit par la liste des consuls romains, rapportée à l'ère chrétienne par les chronologistes , que Titus Sextius Lateranus et Lucius Cuspius Rufinus furent consuls l'an 197 de J.-C. ; 4° au défaut de tout autre renseignement plus positif, tel que la comparaison entre elles de plusieurs inscriptions relatives à des individus de la même famille et dont les générations peuvent

être comptées et rapportées à une époque
connue pour l'une d'elles, on doit s'attacher
à la forme des lettres et à l'orthographe des
mots, selon les notions exposées, quant à
l'orthographe dans le § 105, et quant aux
lettres, selon l'alphabet latin gravé sur la planche IV, 5° où l'on voit comment de la plus
ancienne forme, elles se sont rapproché des
formes actuellement adoptées pour les lettres capitales.

112. Parmi les inscriptions historiques,
on place au premier rang les fragmens des
fastes consulaires, et autres monumens de
cette espèce ; mais on n'en a recueilli que
quelques portions, à Rome capitale de l'empire. On a parlé aussi de monumens géographiques, entre autres d'une grande table de
pierre où était tracée une carte des Gaules, et
qui avait servi à l'enseignement public dans
les écoles romaines d'Autun. Elle fut découverte dans des travaux, vue et admirée, et
ensuite employée avec les matériaux qui servirent aux fondemens d'une maison particulière : un monument de ce genre serait
du plus grand prix pour la géographie et
l'histoire. La célèbre carte de Peutinger

est de ce genre, elle était gravée sur plusieurs plaques de bronze. Enfin, les calendriers sont aussi au nombre des plus précieuses inscriptions, et on peut reconnaître l'époque où un calendrier a été gravé sur la pierre, selon qu'il contient ou ne contient pas l'énonciation des fêtes, des jours consacrés ou des jours *éponymes* des empereurs ou impératrices auxquels le sénat et le peuple romains décernaient ces honneurs. Si , par exemple, on ne trouve pas au 1er du mois Sextilis (appelé ensuite Augustus), l'indication de la prise d'Alexandrie d'Égypte par Auguste, le calendrier peut être antérieur au règne de ce prince. D'autres indications de l'histoire fournissent de tels moyens de critique pour reconnaître l'époque d'un calendrier romain et des divers monumens analogues.

113. Les inscriptions funéraires sont les plus communes dans tous les pays de la domination romaine. Elles sont spécialement caractérisées par leurs premiers mots et sigles D. M. *Diis Manibus*, QVIETI ou MEMORIAE AETERNAE ou PERPETVAE; ces invocations sont suivies des noms du dé-

funt au génitif, et ils entrent alors en composition avec elles, ou bien ces noms sont au datif ou au nominatif, et l'invocation aux dieux mânes reste isolée du reste de la phrase. Quelquefois l'inscription commence par les noms au nominatif, et elle est un véritable *Titulus*, ou indication de la personne inhumée dans le tombeau auquel la pierre appartient. Aux noms du mort on ajoute ses titres civils ou militaires s'il en eut de son vivant, son âge, et ensuite les noms, qualités et la filiation des personnes qui ont consacré le monument ; si le défunt était citoyen romain, le nom de la tribu où il était inscrit précède son surnom, et l'on sait que les citoyens des villes et provinces conquises par les Romains, étaient inscrits en masse dans une des tribus de Rome, et qu'ils obtenaient par là la jouissance des droits politiques qui en découlaient. Il arrivait souvent qu'à l'occasion de la mort d'un chef de famille, les membres survivans, en lui consacrant un tombeau, le destinaient aussi pour eux-mêmes et se fesaient un devoir de mentionner cette circonstance dans l'inscription. Quelques exemples mettront tous ces préceptes en plus grande évidence. Une inscription de Lyon, publiée par M. Artaud, est ainsi conçue : D. M. AEMILI VENVSTI. MIL. LEG. XXX. V. P. F. INTERFECTI. AEMILI. GAIVS ET VENVSTA. FIL. ET AEMILIA. AFRODISIA. LIBERTA. MATER. EORVM. INFELICISSIMA. PONENDVM. CVRAVERUNT. ET SIBI. VIVI. FECER. ET SVB. ASCIA DEDICAVER. ADITVS. LIBER. EXCEPTUS. EST. LIBRARIVS. EJVSD. LEG. On voit par les noms d'Æmilius mis au génitif, qu'ils entrent en composition avec D. M. On lira donc *Diis Manibus Æmilii Venusti;* les six mots abrégés ou sigles qui suivent, indiquent la profession d'Æmilius, et se lisent *militis legionis tricesimæ victricis piæ felicis,* et l'on apprend qu'il était soldat de la 30e légion, surnommée la victorieuse, la pieuse, l'heureuse, et le mot *interfecti* annonce qu'il fut tué au service. Le nominatif GAIVS avertit qu'une autre phrase commence, et le verbe *curaverunt* lui suppose au moins deux sujets; on construit aussitôt tout ce qui suit le mot *interfecti* de cette manière : *Æmilius Gaius et Venusta filia (ejus), et Æmi-*

lia Afrodisia liberta mater eorum infelicissima, *ponendum curaverunt et sibi vivi fecerunt*, *et sub ascia dedicaverunt* : Æmilius Gaius et Venusta ses enfans, et Æmilia Afrodisia, affranchie, leur mère infortunée, ont pris soin de faire élever ce monument, et l'ont destiné aussi à eux mêmes de leur vivant, et l'ont dédié *sub ascia*. Les mots *aditus liber exceptus est*, avertissent que lorsque la place du tombeau fut concédée par l'autorité publique, le chemin qui y conduisait fut expressément réservé : enfin les mots *librarius ejusdem legionis*, séparés par une ligne horizontale de tout ce qui précède, ayant été omis dans le texte même de l'inscription, ils ont été ajoutés à la fin, comme l'un des titres du défunt qui était aussi le *librarius*, espèce d'écrivain ou de comptable, de la 30e légion. On remarquera encore, 1° que Venustus n'a pas de surnom; 2° que son prénom est le nom même d'une grande famille de Rome, et il en résulte que ce soldat, d'abord esclave sous le nom de *Venustus*, a été affranchi par la famille Æmilia, et que selon l'usage général, il a pris le nom de cette famille pour son prénom : il en était de même de sa femme; esclave d'abord sous le nom d'*A-frodisia* et affranchie aussi, LIBERTA, par la famille Æmilia, elle prit ce même nom pour son surnom. De ses enfants, le fils porte pour nom le prénom même de son père, et la fille a pris pour son nom le surnom de celui-ci. Les mots *sub ascia* sont très diversement interprétés; *ascia* est le nom d'un outil, espèce de doloire, dont la figure se voit aussi sur les pierres tumulaires; mais on n'est bien d'accord, ni sur le motif qui l'y faisait placer, ni sur le sens des paroles qui s'y rapportent; on croit que la figure de la doloire et les mots *sub ascia*, indiquent que le monument a été dédié et placé sur le tombeau à l'intention formelle et précise du défunt et à l'issue des mains du sculpteur. On voit dans l'inscription suivante, et que j'ai publiée dans mes *Antiquités de Grenoble* (1807, in-4°) comment se plaçait le nom de la tribu à laquelle avait appartenu un citoyen mort : M. TITIO M. F. VOLT. GRATO. Les mots M (*Marco*) *Titio Grato* étaient le prénom, le nom et le surnom du défunt; les lettres M. F. se lisant *Marci filio*, l'abréviation VOLT. ne peut s'expliquer que par le mot *voltiniæ* (tribûs), et l'on voit que le monument est consacré à Marcus Titius Gratus, fils de Marcus, et citoyen de la tribu Voltinia à Rome.

114. Le nombre des tribus fut d'abord à Rome de dix-sept; il fut porté jusqu'à trente-cinq, quand les conquêtes des Romains eurent agrandi leur domination, et même au-delà; la loi Julia accorda aux Gaulois le droit de cité, c'est-à-dire, le droit de suffrage dans les comices par tribus et dans les comices par centuries; mais le nombre des tribus fut ramené à trente-cinq, et les savans de Boze et Bimard de la Bâtie ont conjecturé que les Gaulois, et particulièrement ceux qui formèrent la *province romaine* des Gaules, furent inscrits dans la tribu Voltinia qui était la Xe de Rome. D'autres inscriptions portent : C. VIBIO. C. F. L. N. TRO. GALLO, *Caio Vibio, Caii Filio, Lucii Nepoti, Tromentinæ* (tribûs) *Gallo*, à Caius Vibius fils de Caius, petit-fils de Lucius, (de la tribu) Tromentina, (surnommé) Gallus; ou bien L. LICINIVS L. F. QUIR. PATERNVS; Lucius Licinius fils de Lucius, (de la tribu) Quirina, (surnommé) Paternus. Afin de

faciliter l'interprétation des mots analogues, nous donnons ici les noms des 35 tribus de Rome dans l'ordre alphabétique.

1. Æmilia.	19. Publilia.
2. Aniensis.	20. Pollia.
3. Arniensis.	21. Pomptina.
4. Claudia.	22. Pupinia.
5. Clustumina.	23. Quirina.
6. Collina.	24. Romilia.
7. Cornelia.	25. Sabatina.
8. Esquilina.	26. Scaptia.
9. Fabia.	27. Sergia.
10. Falerina.	28. Stellatina.
11. Galeria.	29. Suburrana.
12. Horatia.	30. Terentina.
13. Lemonia.	31. Tromentina.
14. Mæcia.	32. Vejentina.
15. Menenia.	33. Velina.
16. U. et Oufentina.	34. Veturia.
17. Palatina.	35. Voltinia.
18. Papiria.	

Leur rang était déterminé par l'ordre même de leur institution ; les tribus Collina, Esquilina, Palatina et Suburrana étaient les *tribus Urbanæ*, ou de la ville même de Rome, toutes les autres étaient nommées *rusticæ*, ou de la campagne , et comprenaient le territoire romain, l'Étrurie, la Sabine, la Gaule, etc.

115. Les magistratures, les sacerdoces, les grades et fonctions militaires sont très souvent indiqués dans les inscriptions funéraires; mais il est impossible d'en donner ici la nomenclature. Pour leur interprétation régulière, on doit recourir aux grands recueils d'inscriptions; on trouvera aux tables le mot ou son abréviation, et à la page qu'elles indiquent, sa lecture et son explication. Il suffira donc de mettre sous les yeux du lecteur une liste des abréviations les plus difficiles ou les plus ordinaires recueillies sur les monumens romains, et l'on n'y comprendra ni les prénoms, ni les surnoms, ces sortes de mots ne pouvant pas embarrasser long-temps l'archéologue attentif à les expliquer par la place qu'ils occupent dans le texte. Il en est de même de ce qui se rapporte à l'âge des défunts, exprimé en années, en mois et en jours, et aux conditions générales relatives aux dimensions du monument et du terrain qui en dépendait, comme aussi au droit d'inhumation dans une même sépulture, qui passait ou ne passait pas aux enfants, héri-

tiers, affranchis et leurs descendans, selon que le défunt l'avait ordonné par son testament ; et l'inscription rappelle ordinairement les conditions restrictives, si elles ont existé.

116. *Principales abréviations romaines.*

A. ager. annis. augustales. augustalis.
A. A. apud agrum.
AB. AC. SEN. ab actis senatûs.
AE. CVR. ædilis curulis.
A. FRVM. a frumento.
A. H. D. M. amico hoc dedit monumentum.
A. K. ante kalendas.
A. O. F. C. amico optimo faciendum curavit.
A. P. ædilitiâ potestate. amico posuit.
A. S. L. animo solvit libens. a signis legionis.
A. T. V. aram testamento vovit.
A. XX. H. EST. annorum viginti hic est.
B. A. bixit, *pro* vixit annis.
B. DE. SE. M. bene de se meritæ, *vel* merito.
B. M. D. S. bene merenti, *vel* bene merito de se.
B. P. D. bono publico datum.
B. Q. bene quiescat.
B. V. bene vale.
BX. ANOS. VII. ME. VI. DI. XVII. vixit annos septem menses sex dies decem septem.
7. centuria. centurio.
ϛ. centurio.

C. B. M. conjugi bene merenti. F. conjugi bene merenti fecit.

CENS. PERP. P. P. *vel* CENS. PERP. P. P. *vel* CENS. P. P. P. censor perpetuus pater patriæ.

COH. I. AFR. C. R. cohors prima africanorum civium romanorum. FL. BF. Flavia beneficiariorum.

C. I. O. N. B. M. F. civium illius omnium nomine bene merenti fecit.

C. K. L. C. S. L. F. C. conjugi carissimo loco concesso sibi libenter fieri curavit.

C. P. T. curavit poni titulum.

C. R. civis romanus. civium romanorum. curaverunt refici.

C. S. H. S. T. T. L. communi sumptu hæredum, sit tibi terra levis.

D. decimus. decuria. decurio. dedicavit. dedit. devotus. dies. diis. divus. dominus. domo. domus. quinquagenta.

D. C. D. P. decuriones coloniæ dederunt publicè.

D. D. D. S. decreto decurionum datum sibi. dono dedit de suo.

D. K. OCT. dedicatum kalendis octobris.

D. M. ET. M. diis manibus et memoriæ.

D. N. M. E. devotus numini majestati ejus.

D. O. S. Deo optimo sacrum. diis omnibus sacrum.

D. P. P. D. D. de propriâ pecuniâ dedicaverunt. de pecuniâ publicâ dono dedit.

D. S. F. C. H. S. E. de suo faciundum curavit, hìc situs est.

D. T. S. P. dedit tumulum sumptu proprio.

E. CVR. erigi curavit.

EDV. P. D. edulium populo dedit.

E. E. ex edicto. ejus ætas.

E. H. T. N. N. S. exterum hæredem titulus noster non sequitur.

E. I. M. C. V. ex jure manium consertum voco.

E. S. ET. LIB. M. E. et sibi et libertis monumentum erexit.

E. T. F. I. S. ex testamento fieri jussit sibi.

E. V. L. S. ei votum libens solvit.

FAC. C. faciendum curavit.

F. C. facere curavit. faciundum curavit. fecit conditorium. felix constans. fidei commissum. fieri curavit.

F. H. F. fieri hæres fecit. fieri hæredes fecerunt.

F. I. D. P. S. fieri jussit de pecuniâ suâ.

F. M. D. D. D. fecit monumentum datum decreto decurionum.

F. P. D. D. L. M. fecit publice decreto decurionum locum monumenti.

F. Q. Flamen Quirinalis.

F. T. C. fieri testamento curavit.

F. V. F. fieri vivens fecit.

G. L. genio loci.

G. M. genio malo.

G. P. R. genio populi Romani, *seu* gloria.

GR. D. gratis datus, *vel* dedit.

G. S. genio sacrum, genio senatùs.

G. V. S. genio urbis sacrum. gratis votum solvit.

H. habet. hâc. hastatus. hæres. hìc. homo. honesta. honor. hora. horis. hostis.

H. B. M. F. hæres bene merenti fecit. F. C. faciundum curavit.

H. C. CV. hìc condi curavit. hoc cinerarium constituit.

H. DD. hæredes dono dedêre. honori domûs divinæ.

HE. M. F. S. P. hæres monumentum fecit suâ pecuniâ.

HIC. LOC. HER. N. S. *vel* HIC. LOC. HER. NON. SEQ. hic locus hæredem non sequitur.

H. L. H. N. T. hunc locum hæres non teneat.

H. M. AD. H. N. T. *vel* H. M. AD. H. N. TRAN. hoc monumentum ad hæredes non transit.

H. N. S. N. L. S. hæres non sequitur nostrum locum sepulturæ *vel* hæredem ....locus, etc.

HOC. M. H. N. F. P. hoc monumentum hæredes nostri fecerunt ponere.

H. P. C. hæres ponendum curavit. hìc ponendum curavit. L. D. D. D. hæres ponendum curavit loco, dato decreto decurionum.

H. S. C. P. S. hìc curavit poni sepulchrum. hoc sepulchrum condidit pecuniâ suâ. hoc sibi condidit proprio sumptu.

H. T. V. P. hæres titulum vivus posuit. hunc titulum vivus posuit.

I. AG. in agro.

I. C. Judex cognitionum.

I. D. M. inferis diis maledictis. Jovi deo ma-
gno.

I. F. P. LAT. in fronte pedes latum.

II. V. DD. duumviris dedicantibus.

II. VIR. AVG. duumvir Angustalis.

II. VIR. COL. duumvir coloniæ.

II. VIR. I. D. duumvir juri dicundo.

II. VIR. QQ. Q. R. P. O. PEC. ALIMENT.
duumviro quinquennali quæstori reipublicæ
operum pecuniæ alimentariæ.

III. VIR. AED. CER. triumvir ædilis cerealis.

IIII. V. quatuorviratus.

IIII. VIR. A. P. F. quatuorviri argento publico feriundo, *vel* auro.

IIII. VIREI. IOVR. DEIC. quatuorviri juri
dicundo.

IIIIII. VIR. QQ. I. D. sexvir quinquennalis juri
dicundo.

IN. AG. P. XV. IN. F. P. XXV. in agro pedes
quindecim in fronte pedes viginti quinque.

I. O. M. D. D. SAC. Jovi optimo maximo diis
deabus sacrum.

I. P. indulgentissimo patrono. innocentissimo
puero. in pace. jussit poni.

I. S. V. P. impensâ suâ vivus posuit, *seu* vivi
posnêre.

K. B. M. carissimæ bene merenti, *vel* carissimo.

K. CON. ☉. carissimæ conjugi defunctæ.

K. D. calendis decembris. capite diminutus.

L. liberta. Lucia.

L. B. D. M. libens bene merito dicavit. locum bene merenti dedit, *vel* libertæ, *seu* liberto.

L. F. C. libens fieri curavit. libertis faciendum curavit. libertis fieri curavit, *vel* locum, *aut* lugens.

LIB. ANIM. VOT. libero animo votum.

L. L. FA. Q. L. libertis libertabus familiisque libertorum.

L. M. T. F. J. locum monumenti testamento fieri jussit.

LOC. D. EX. D. D. locus datus ex decreto decurionum.

L. P. C. D. D. D. locus publice concessus datus decreto decurionum.

L. Q. ET. LIB. libertisque et libertabus.

L. XX. N. P. sestertiis viginti nummûm pendit.

MAN. IRAT. H. manes iratos habeat.

M. B. memoriæ bonæ. merenti bene. mulier bona.

M. D. M. SACR. magnæ deûm matri sacrum.

MIL. K. PR. milites cohortis prætoriæ.

M. P. V. millia passuum quinque. monumentum posuit vivens, *vel* memoriam.

NAT. ALEX. natione alexandrinus.

NB. G. nobili genere.

N. D. F. E. ne de familiâ exeat.

N. H. V. N. AVG. nuncupavit hoc votum numini Augusto.

N. N. AVGG. IMPP. nostri Augusti imperatores.

NON. TRAS. H. L. non transilias hunc locum.

N. T. M. numini tutelari municipii.

N. V. N. D. N. P. O. neque vendetur neque donabitur neque pignori obligabitur.

OB. HON. AVGVR. ob honorem auguratûs. II. VIR. duumviratûs.

O. C. ordo clarissimus.

O. E. B. Q. C. ossa ejus bene quiescant condita.

O. H. I. N. R. S. F. omnibus honoribus in republicâ suâ functus.

O. LIB. LIB. omnibus libertis libertabus.

O. O. ordo optimus.

OP. DOL. opus doliare, *seu* doliatum.

P. B. M. patri bene merenti, *vel* patrono, *seu* posuit.

P. C. ET. S. AS. D. ponendum curavit et sub asciâ dedicavit.

PED. Q. EIN. pedes quadrati bini.

P. GAL. præfectus Galliarum, *vel* præses.

PIA. M. H. S. E. S. T. T. L. pia mater hic sita est; sit tibi terra levis.

P. M. passus mille. patronus municipii. pedes mille. plus minus. pontifex maximus. post mortem. posuit merenti. posuit mœrens. posuit monumentum.

P. P. pater patriæ. pater patratus. pater patrum.

patrono posuit. pecuniâ publicâ. perpetuus populus. posuit præfectus. prætorio præpositus. propriâ pecuniâ. pro portione. pro prætor. provincia Pannoniæ. publice posuit. publice propositum. Publii *duo*.

P. Q. E. *vel* P. Q. EOR. posterisque eorum.

P. S. D. N. pro salute domini nostri.

P. V. S. T. L. M. posuit voto suscepto titulum libens merito.

Q. K. quæstor candidatus.

Q. PR. *vel* Q. PROV. quæstor provinciæ.

Q. R. *vel* Q. RP. quæstor reipublicæ.

Q. V. A. I. qui vixit annum unum, *vel* quæ. A. III. M. II. annos tres menses duos. A. L. M. IIII. D. V. annos quinquaginta menses quatuor dies quinque. A. P. M. qui vixit annos plus minus.

R. C. romana civitas. romani cives.

R. N. LONG. P. X. retro non longe pedes decem.

ROM. ET. AVG. COM. ASI. Romæ et Augusto communitates Asiæ.

R. P. C. reipublicæ causâ. reipublicæ conservator. republicæ constituendæ. retro pedes centum.

R. R. PROX. CIPP. P. CLXXIIII. rejectis ruderibus proxime cippum pedes centum septuaginta quatuor.

R. S. P. requietorium sibi posuit.

S. sacellum. sacrum. scriptus. semis. senatus.

sepulchrum. sequitur. serva. sibi. singuli.
situs. solvit. stipendium.

S. uncia.

S. centuria.

S. semuncia.

SB. sibi. sub.

S. D. D. simul dederunt, *vel* dedicaverunt.

S. ET. L. L. P. E. sibi et libertis libertabus
posteris ejus.

S. F. S. sine fraude suâ.

SGN. signum.

S. M. P. I. sibi monumentum poni jussit.

SOLO. PVB. S. P. D. D. D. solo publico sibi
posuit dato decreto decurionum.

S. P. C. suâ pecuniâ constituit. sumptu proprio
curavit.

S. T. T. L. sit tibi terra levis.

S. V. L. D. sibi vivens locum dedit.

TABVL. P. H. C. tabularius provinciæ Hispa-
niæ citerioris.

T. C. testamento constituit, *vel* curavit.

T. T. F. V. titulum testamentum fieri voluit.

V. C. P. V. vir clarissimus præfectus urbi.

V. D. P. S. vivens dedit proprio sumptu. vivens
de pecuniâ suâ.

V. E. D. N. M. Q. E. vir egregius devotus numini majestatique ejus.

VI. ID. SEP. sexto idus septembris.

VII. VIR. EPVL. septemvir epulonum.

V. L. A. S. votum libens animo solvit.

VO. DE. vota decennalia.

V. S. A. L. P. voto suscepto animo libens posuit.

V. V. C. C. viri clarissimi.

VX. B. M. F. H. S. E. S. T. L. uxor bene merenti fecit, hic situs est, sit tibi terra levis.

X. mille.

X. ANNALIB. decennalibus.

X. IIII. K. F. decimo quarto kalendas februa-
rii.

X. VIR. AGR. DAND. ADTR. IVD. decem
vir agris dandis attribuendis judicandis.

XV. VIR. SAC. FAC. quindecemvir sacris fa-
ciendis.

XXX. P. IN. F. triginta pedes in fronte.

XXX. S. S. trigesimo stipendio sepultus.

117. Les *inscriptions chrétiennes* forment
une classe particulière, et sont caractérisées
par les symboles et les acclamations propres à la croyance chrétienne : l'idée d'une
autre vie y domine ordinairement. Les symboles les plus communs sont la barque, le
poisson, la palme, le cœur, le cheval, les
instrumens de la passion, la couronne, les
moineaux, le bon pasteur, la croix, l'ancre,
le monogramme du Christ, l'A et Ω, et
même des personnages du paganisme que

les chrétiens employaient dans un sens ca-
ché, tel Orphée attirant les animaux, était
le symbole secret du Christ ramenant toutes
les nations à la foi. Les formules écrites les
plus fréquentes, sont aussi H. R. I. P. *hìc
quiescit in pace*, BONÆ MEMORIÆ. Celles qu'on
observe quelquefois sont : *Anima sancta salve*, *bibas* (vivas) *in Christo*, et toutes celles
où le nom du Christ ou bien l'idée de la résurrection sont exprimés; *Gratia plena*; *innox et
dulcis*, *nobile decus* ; Kere et Xere (pour le
grec Χαίρε,) : *lux vivas in Deo* ; *pax tecum
sit* ; *pudicæ feminæ* ; *quiescas in pace* ; *qui in
meum Deum credidit* ; *recessit in somno pacis* ;
recordetur illius Deus ; *spiritus tuus in pace* ;
servus Dei fidelis ; *vita* ; *vive in æterno* : *zezes*
(vivas) *pie zezes* (pie vivas). Lorsque le
christianisme fut mieux établi, des imprécations et des anathèmes contre ceux qui
violeraient les tombeaux, furent aussi employés dans les inscriptions ; on y trouve
ces paroles : *Male pereat insepultus* ; *jaceat
non resurgat*, *cum Juda partem habeat* ; *sit
maledictus et in perpetuùm anathemate con-
strictus.* En général les chrétiens prirent des
noms ou de leurs saints ou des patriarches ;

ils conservèrent aussi des noms tout payens comme Afrodisius, Mercurius, etc., même des noms pris des animaux, comme Onagrus, Ursa, Ursula, etc. Les abréviations les plus communes dans les inscriptions chrétiennes latines sont les suivantes :

A. ave. anima. Aulus, etc.
A. B. M. animæ bene merenti.
A. D. anima dulcis.
B. F. bonæ feminæ. bonæ fidei.
BVSV. bonus vir.
CL. F. clarissima femina ou filia.
C. R. corpus requiescit ou repositum.
D. depositus. dormit. dulcis, etc.
D. B. Q. dulcis bene quiescas!
D. D. S. decessit de sæculo.
D. I. P. decessit in pace.
DM. dominus.
DPS. depositus. depositio.
H. R. I. P. hìc requiescit in pace.
IN D. in Deo. indictione.
IN P. D. in pace domini.
IN X. in Christo.
M. monumentum. memoria. martyr.
N. DEVS. nobile decus.
P. pax. ponendus. posuit.
P. M. plus minus.
PRS. probus.
P. Z. pie zeses.

Q. quiescat.
Q. FV. AP. N. qui fuit apud nos.
R. recessit. requiescit.
RI. PA. requiescat in pace.
S. salve. spiritus. suus.
SAC. VG. sacra virgo.
S. I. D. spiritus in Deo.
SC. M. sanctæ memoriæ.
S. T. T. C. sit tibi testis cœlum.
TT. titulum.
V. vixit. virgo. vivas, etc.
V. B. vir bonus. V. C. vir clarissimus.
VV. F. vive felix.
V. S. vale. salve.
V. X. vivas charissime.
X. Christus, decem.
Z. Zeses, Zeso (Jesus).

§ V. Gaulois.

118. On connaît bien peu d'inscriptions gauloises, si même il en existe d'antérieures à l'invasion des Romains, auxquelles on puisse donner ce nom. On a parlé, il est vrai, d'une inscription en langue inconnue, découverte il y a près d'un siècle, dans les fondemens d'une maison à Nantes, et de plaques de plomb portant aussi une inscription

qu'on dit gauloise, trouvées dans les Pyré-
nées : mais ces deux monumens n'ont pas
subi les épreuves d'une critique éclairée,
et n'ont pas été publiés ; ils ne peuvent donc
servir de renseignemens authentiques pour
cette partie de notre Résumé. Ce n'est pas
que les Gaulois n'eussent l'usage de l'é-
criture ; le témoignage des anciens, et de
César en particulier, ne laisse aucun doute
sur la réalité de cet usage dans les Gaules; ils
se servaient, dit le conquérant romain, des
lettres de l'alphabet grec, c'est-à-dire
que l'alphabet des Gaulois était le même
que celui de tous les autres peuples lettrés
de l'Europe à cette époque, les Grecs, les
Étrusques, les Romains, etc.; mais la langue
des Gaules n'avait pour cela aucun rapport
avec celle des Grecs, puisque César, écrivant
à Q. Ciceron, assiégé par les Gaulois d'Am-
biorix, fit sa lettre en grec, afin que l'ennemi, en l'interceptant, ne pût en tirer aucun fruit. On ne connaît donc aucune inscription en langue gauloise; les bas-reliefs
si célèbres, découverts le 16 mars 1711, en
creusant dans le chœur de l'église Notre-Da-
me à Paris, ne portent que la figure et le

nom isolé de quelques divinités gauloises. Il en est de même de plusieurs autres bas-reliefs analogues recueillis dans l'ancienne Gaule ; et quant à l'inscription du *Gordianus Galliæ nunsius*, trouvée à Rome, la commémoration d'un martyr chrétien, écrite en langue latine avec des lettres grecques barbares, ne prouve rien à l'égard des Gaulois antérieurs à la conquête des Romains.

119. C'est aux temps postérieurs à cet évènement, qu'appartiennent les *inscriptions* qu'il est passé en usage d'appeler *gauloises*. Elles contiennent : 1° des noms de divinités locales, conséquemment tirés des traditions en vogue dans les Gaules, et inconnus aux Romains ; 2° des noms propres d'hommes ou de femmes également étrangers à la langue latine. On peut trouver dans la diversité de ces noms un moyen chronologique pour déterminer, approximativement, l'époque d'une inscription, et le voici. Dès que la puissance romaine fut établie dans les Gaules, les noms et surnoms romains furent généralement substitués aux noms gaulois : on trouve donc des inscriptions : 1° où le nom du personnage et celui de son père, sont des noms gau-

lois ; cette inscription doit être des temps très voisins de la conquête : le plus jeune des deux personnages nommés avait déjà reçu son nom, ou du moins l'influence romaine n'était pas assez générale pour qu'on lui en donnât un romain ; 2° où le nom du principal personnage est romain, tandis que celui de son père est gaulois : cette inscription annonce déjà la seconde génération depuis la conquête, elle est donc postérieure à l'inscription où les noms sont encore tous gaulois ; 3° enfin, où les noms du grand-père sont en gaulois, ceux du fils et du petit-fils étant romains ; c'est la troisième génération, et dès-lors les noms gaulois disparaissent presque partout. Les institutions nationales s'oublient, la langue s'altère, toutes les supériorités se pressent à la rencontre de l'influence romaine, et là finit la série des monumens qu'on nomme gaulois.

Parmi les plus intéressans pour l'archéologie, on doit placer la curieuse inscription recueillie par M. le baron Chaudruc de Crazannes, dans le territoire des anciens *Elusates*, dans la Gaule Aquitaine, et que César nomme parmi les peuples de cette contrée

qui se soumirent à son lieutenant Crassus.
Cette inscription peut être considérée comme
bilingue, et puisqu'elle est accompagnée d'un
équivalent en latin, elle est, pour cela méme, du temps de la domination romaine dans
les Gaules. On a trouvé ailleurs des inscriptions qu'on a cru être gauloises, et qui n'é-
taient peut-être que très difficiles à lire. Cela
prouve qu'on ne saurait être trop réservé
dans l'attribution de certaines productions
des arts à un peuple, illustre sans doute,
mais qui a laissé peu de traces monumenta-
les de son existence.

On a aussi attribué aux Gaulois quelques
monumens de sculpture d'un style informe
et grossier. Un homme accroupi, en granit peu solide, du cabinet de M. Denon,
peut avoir cette origine ; mais il n'y a à ce
sujet aucune certitude. Quelques représentations très singulières, telles que les statues du
temple octogone de Montmorillon en Poitou,
parmi lesquelles sont une femme allaitant
deux gros serpens, et une autre deux cra-
pauds, ont été considérées, par dom Montfaucon et dom Martin, comme d'origine gauloise, et expliquées selon les idées que ces

deux savans bénédictins supposaient aux
Druides : mais Millin reconnaît dans le
temple même un ouvrage du XIe siècle de
l'ère chrétienne, et que les treize statues qui
lui servent d'ornement, et dont la plupart
sont des anges, des évangélistes, etc., ont été
faites dans le même temps et pour la place
qu'elles occupent. Il faut donc être très sobre
de conjectures, lorsqu'on n'a que leur autorité
pour attribuer aux Gaulois soit un monument d'architecture ou de sculpture, soit
même des inscriptions difficiles à interpréter.

On remarquera peut-être que cette section, relative à la palæographie, occupe un
espace proportionnellemment trop considérable ; mais il n'est pas exagéré, puisque les
diverses nomenclatures qui s'y trouvent seront également utiles, en grande partie, à la
section qui suit celle-ci, et qui est consacrée
à la numismatique.

Sixième Division.

NUMISMATIQUE.

SECTION PREMIÈRE.

Des Médailles en général.

120. Les médailles furent la monnaie des
anciens : on n'élève plus aucun doute sur ce
fait, et on n'excepte de cette qualification
que les *médaillons*, pièces en tous métaux,
ainsi nommées à cause de leur grandeur et
de leur volume extraordinaires, qui les ren-
daient peu propres aux usages de la monnaie, et même de la perfection de leurs types,
qui font supposer des motifs particuliers à
leur exécution. On peut donc étudier les
médailles sous le rapport des systèmes monétaires des anciens et comme monumens
de leur histoire. Le premier objet intéresse
plus particulièrement l'économiste que l'antiquaire, et l'on doit s'abstenir de le traiter ici.
L'histoire n'a d'ailleurs conservé que quelques souvenirs relatifs à la théorie des mon-

naies, aux rapports des métaux entre eux, à la variation de ces rapports, et l'on a même récemment compliqué ces difficultés, par la supposition que les anciens eurent une *monnaie de compte*, espèce de type nominal dont les pièces des divers métaux n'étaient pas une coupure exacte, et auquel on ramenait toutes les variétés, comme notre ancienne pièce de douze sols à la livre tournois. Mais l'opinion qui considère les monnaies existantes comme représentatives des dénominations que leur donnent les anciens, a prévalu sur ces vues nouvelles. Nous n'avons à considérer ici les médailles que comme monumens archéologiques.

121. Sous ce seul aspect, la carrière est assez vaste, puisqu'elle embrasse tout-à-la-fois les deux branches fondamentales de l'histoire, la géographie, la chronologie, et de plus la mythologie, la palæographie, l'iconographie, la police des villes et des états, leurs usages, leurs opinions, et les connaissances des anciens dans les sciences naturelles et d'observation; enfin l'état des arts, de leurs procédés, de leurs origine, progrès et décadence, s'y trouve au-

thentiquement exprimé, d'époque en époque. L'interprétation entière des anciens écrivains est due en grande partie à l'étude des médailles, et la critique littéraire ne sera plus bientôt que l'heureuse et trop tardive association de l'étude des auteurs avec celle des monumens. On reconnut l'importance des médailles dès la renaissance des lettres en Europe au XIVe siècle ; les médailles impériales romaines attirèrent la première attention : elles étaient les plus communes ; on rechercha ensuite celles des temps antérieurs de Rome, les médailles consulaires, successivement celles des villes et des colonies du monde romain. Malgré les recueils publiés par Hubert Goltz, les médailles grecques occupèrent peu les numographes jusqu'à la fin du XVIIe siècle. Ce fut dans ce siècle et dans les suivans que parurent les grands ouvrages d'Occon, de Ducange, de Mezzabarba et de Vaillant sur la numismatique de l'empire romain d'Occident et d'Orient. Le docte Spanheim avait cependant donné plusieurs éditions de son traité *De præstantiá et usu numismatum antiquorum*, où il considérait la science dans toute son étendue , et où les médailles grecques servaient aussi utilement que les médailles romaines à jeter ses plus solides fondemens. Mais les travaux de Vaillant , Frœlich , Pellerin et Combe , ramenèrent bientôt tous les efforts vers les médailles grecques ; en même temps des traités nombreux sur quelques parties spéciales de la numismatique avaient été publiés dans plusieurs contrées de l'Europe ; on connaissait mieux les médailles de l'Espagne, de la Sicile , de la Grande Grèce , de l'Italie supérieure et méridionale , même de quelques villes , par les ouvrages de Florez et d'Erro , de Torremuza, Magnan , Gori , Passeri, Danieli ; il en était de même pour les contrées hors de l'Europe, pour la Syrie , l'Égypte , la Thrace , par les recherches de Frœlich , Vaillant , Zoëga , Cary , et autres savans renommés : Swinton , Barthélemy, Réland , ajoutèrent à ces précieuses notions celles qu'ils avaient retirées de l'étude des médailles hébraïques , phéniciennes ou d'autres peuples de l'Orient , et la science numismatique prenait une extension qui en obstruait en quelque sorte les accès. Le père Labbe , Banduri , Hirch , composèrent des

Bibliothèques numismatiques, où l'homme studieux devait trouver un guide pour se diriger dans ses recherches ; mais la science s'étendait en proportion de ce zèle, les monumens nouveaux se multipliaient, les difficultés semblaient s'accroître par la variété même des opinions et des systèmes, quand Eckhel publia enfin sa *Doctrina nummorum veterum*, ouvrage immortel, où, réunissant toute la science de ses devanciers à la sienne, il a élevé l'édifice numismatique sur des bases immuables et en a distribué les diverses parties avec un ordre digne de tous les suffrages ; Rasche en avait pour ainsi dire assemblé tous les matériaux dans son *Lexicon rei nummariæ*, qui parut à Leipsick, en 1785, et qui a eu depuis plusieurs supplémens. Quelques livres élémentaires avaient aussi vu le jour ; on connaissait ceux d'Erigus, Agostini, Frœlich, Zaccheria, Jobert, Patin et Ernesti ; mais les *Leçons* d'Eckhel, détachées de son grand ouvrage, en 1778, firent presque oublier les autres, et ceux qui sont venus après lui, Millin, Avellino, etc., se sont fait un de-

voir d'extraire leurs préceptes de sa Doctrine.

122. L'utilité des travaux archéologiques
sur les médailles, répond ainsi à l'importance
même de la science, et il ne nous reste qu'à suivre pas à pas les leçons que ces savans ont con-
signées dans leurs écrits. Il nous ont dit que
les médailles ou monnaies des anciens, furent
frappées en or, en argent et en bronze, en
potin, mélange de cuivre, de plomb, d'étain
et d'un cinquième d'argent. On connaît des
pièces en plomb ou en étain; mais elles sont
très rares, et il ne paraît pas qu'elles aient
jamais servi de monnaie. Les historiens par-
lent aussi des monnaies de fer ou de cuir des
Spartiates et des Byzantins, et de celles de
bois des Carthaginois, mais ces notions n'appartiennent pas à la numismatique, puisqu'on
ne voit pas de pièces semblables dans les
cabinets. Nous n'aurons à parler que des trois
métaux généralement employés à la fabrication des monnaies. Elles étaient ou fon-
dues dans un moule en creux qui donnait à
la fois les deux côtés de la médaille, ou bien
le *flán* était d'abord fondu, et l'empreinte
ajoutée ensuite sur un seul ou sur les deux

côtés de la pièce, soit avec un poinçon ayant le type gravé en creux et sur lequel on frappait avec un marteau, soit avec un instrument en forme de tenailles dont les extrémités présentaient les deux coins et qu'on frappait de même. Les médailles des triumvirs monétaires romains rappellent ces deux procédés par les lettres A. A. A. F. F. *auro*, *argento*, *ære*, *flando*, *feriundo*, qui signifient qu'ils travaillaient la monnaie sur l'or, l'argent et le bronze, en le fondant et en le frappant. On connaît quelques coins antiques, notamment celui d'une médaille de la reine Bérénice d'Égypte, rapporté par M. Cailliaud; mais on n'a découvert que le nom d'un seul des artistes qui les gravèrent; celui d'un Nevanzios, sur une médaille de Cidonie en Crète. On a recueilli aussi des moules en terre pour y couler des monnaies d'argent; ils sont de la fin du second siècle de l'ère chrétienne et l'on conjecture qu'ils ont servi aux faux.monnayeurs du temps.

123. On distingue les médailles selon leur grandeur, c'est ce qu'on appelle le *module*. Pour le bronze, celles qui ont environ 12 à 15 lignes sont appelées de *grand bronze:* de 9 à 11

lignes, *moyen bronze;* 8 lignes et au-dessous, *petit bronze;* les médaillons ont plus de 15 lignes. Mais comme les dimensions sont également variables dans les autres métaux, on s'est accordé à représenter les diverses grandeurs des médailles par la figure gravée dans notre planche III, n° 6, et à les désigner par le chiffre correspondant à chaque cercle, applicable à tous les métaux, et le cercle a été adopté, parce que le flân des médailles est d'une forme généralement ronde, quoiqu'on n'en trouve pas qui le soit exactement. Diverses dénominations sont usitées parmi les antiquaires pour qualifier certaines médailles; voici la nomenclature des principales :

Dariques, médailles persanes, de Darius.

Philippes, de la Macédoine, du roi Philippe.

Auréliens, du nom de l'empereur Aurélien.

Chouettes, d'Athènes, la figure de cet oiseau.

Tortues, du Péloponèse, type, une tortue.

Cistophores, de quelques villes grecques, portant le ciste mystique de Bacchus.

Victoriées, portant la figure de la Victoire.

Ratites, avec la figure d'une proue *(rates)*.

Biges, *quadriges*, ayant au revers un char à *deux* ou *quatre* chevaux.

Sciées ou *dentées*, la tranche étant dentelée, par caprice, ou pour dérouter les faux monnayeurs.

Scyphati, convexes d'un côté, concaves de l'autre, comme une coupe.

Incuses, dont le type est en creux d'un côté et en relief de l'autre, le plus souvent par l'inadvertance du monnayeur pour les médailles romaines, et caractère de haute antiquité pour les médailles grecques.

Fourrées ou *bractéates*, dont l'*ame* en bronze ou en plomb est recouverte d'une légère feuille d'argent ou d'or; fausse monnaie antique. Il y en a de grecques et de romaines. Les Latins les nommaient *nummi pelliculati, subærati, bracteati.*

Saucées, frappées sur cuivre et ensuite argentées.

Refrappées, dont les contours du type sont doubles, par l'effet des coups redoublés du marteau et du mouvement du flân.

Sur-frappées, qui ont reçu un nouveau type légal.

Restituées, d'un empereur romain; frappées par l'ordre d'un de ses successeurs.

Contorniates, de grand module en bronze, entourées d'un cercle du même métal ou de tout autre.

Contremarquées, ayant reçu, après leur émission, l'empreinte de quelque signe particulier, figure ou lettres, et pour les affecter à

un usage temporaire, tel que de servir comme
de billet d'entrée à certains spectacles, on
bien pour accréditer dans un pays les monnaies d'un autre.

Æs grave, les pièces remarquables par leur volume et leur poids.

Encastrées, tête d'une médaille et revers d'une
autre, sciés et soudés ensemble par les faussaires.

Spintriennes, relatives aux débauches de Tibère
à Caprée.

124. On considère dans une médaille :
1° *la face*, côté principal de la pièce, offrant
la tête du prince ou le symbole spécial de
la ville qui l'a fait frapper ; 2° *le revers*, type
qui est sur le côté opposé au premier ; 3° la
légende, ou mots gravés autour de la tête ou
du revers ; 4° *l'inscription*, mots écrits en une
ou plusieurs lignes à la place de la tête ou dans
le type du revers ; 5° *l'exergue*, mots, sigles
ou signes gravés au bas de la médaille, *hors
de l'ouvrage*, et n'appartenant ni à la légende
ni à l'inscription ; 6° *le champ*, surface de la
médaille qui a reçu les types principaux,
et les contremarques sur les portions que ces
types laissent vides ; 7° *la tranche*, les bords
extérieurs de l'épaisseur de la médaille. Se-

lon leur origine et leur poids, on les nomme : *sicle*, pour les Hébreux ; pour les Grecs, *drachmes*, *didrachmes*, *tridrachmes*, *tétra-drachmes* (de 2, de 3 ou de 4 drachmes), *obole*, sixième partie de la drachme, et *statère* d'argent égal au tétradrachme, qui est la taille la plus ordinaire des médailles grecques. Pour les Romains, la monnaie avait le poids dont elle portait le nom, le *pondus* était la livre ; l'*as* de bronze, équivalant au poids d'une livre de ce métal ou 12 onces, était l'unité monétaire ; le *sesterce* valait deux as et demi, et l'as avait des sous-multiples depuis douze onces jusqu'à demi-once : savoir *semis*, moitié de l'as ou 6 onces, marqué par S, ou Σ, ou bien 6 globules ; *quincunx*, cinq onces, 5 globules ; *triens*, le tiers de l'as, ou 4 onces, 4 globules ; *quadrans*, le quart de l'as, ou 3 onces, 3 globules ; *sextans*, le sixième de l'as, ou 2 onces, 2 globules ; *oncia*, le douzième de l'as, ou 1 once, 1 globule. Les médailles romaines d'argent sont ; 1° des *deniers* marqués X ou XVI, selon l'époque, ce denier d'argent ayant valu d'abord dix as et ensuite seize ; 2° des *quinaires* ou demi-denier, marqué V ou VIII pour les mêmes raisons ; 3° des

sesterces marqués HS, LLS, *libra*, *libra semis*,
valant deux livres et demie ou deux as et demi. Les médailles d'argent plus grandes que
le denier, sont classées parmi les médaillons.
Sous les empereurs, les deniers s'affaiblirent
peu à peu, ils passèrent de la taille de 84 à
la livre, à 96, même à 100, et à mesure qu'on
descend vers le Bas-Empire le poids et le titre de l'argent s'altèrent de plus en plus. La
monnaie d'or, nommée *aureus* ou denier d'or,
était de 40 à la livre, ensuite de 45 ; il di-
minua dans la même proportion que la monnaie d'argent s'affaiblissait, et il resta avec
elle dans le rapport de 1 à 25, c'est-à-dire que
le denier d'or valait 25 deniers d'argent ou
cent sesterces. Mais la confusion se mit aussi
dans cette autre monnaie, quoique le titre
en fût ordinairement bon, même dans les derniers temps de l'empire, et le résultat des
plus récentes recherches sur la livre romaine
lui donne 6,160 grains ou 10 onces, 5 gros,
40 grains de notre poids de marc, c'est-à-
dire 125 grammes.

125. Les dates inscrites sur les médailles
méritent aussi une attention particulière; l'on
doit recourir à ce que nous avons dit sur ce

sujet, pour les dates dans les inscriptions ; et quant à la position des têtes , quand une médaille en présente plusieurs sur la face ou le revers , à ce qui a été dit plus haut page 12. Si une médaille a une tête sur chaque face , on la rapporte à celui des deux personnages qui est le plus qualifié. Les monogrammes , assemblage de plusieurs lettres en une seule figure , sont très fréquens sur les médailles grecques ; on en trouve aussi sur quelques médailles consulaires romaines. Enfin on appelle médailles parlantes , celles dont le type se compose d'un objet dont le nom avait des rapports marqués avec le nom de la ville dont la médaille était la monnaie ; ainsi une rose est sur les médailles de Rhodes , un cœur sur celles de Cardia , une grenade sur celles de Side en Pamphilie ; de même pour Rome on voit un marteau sur les deniers de Publius Malleolus , une fleur sur ceux de Aquileius Florus , etc.

126. La classification des médailles est la partie de leur étude sur laquelle les savans sont le moins d'accord ; l'état même des collections influe essentiellement sur le parti qu'on adopte. Les grands cabinets seuls ont

besoin d'une classification qui embrasse la généralité des médailles ; les collections spéciales des médailles d'un pays ou d'une époque, d'autres collections plus spéciales encore tirées de l'analogie des revers, historiques, militaires, mythologiques, etc., sont moins embarrassantes, et l'amateur qui les forme peut, sans inconvénient, suivre ses propres idées à ce sujet en négligeant le moins possible l'ordre des temps et l'ordre des lieux. De tous les systèmes de classification générale, celui qui a été adopté par l'illustre Eckhel est universellement suivi : il est 1° géographique, 2° chronologique, c'est-à-dire que, partant d'un point de l'ancien monde, il en suit successivement toutes les régions, mettant ensemble et dans l'ordre chronologique les médailles de tous métaux qui appartiennent à la même région, à ses îles et à ses colonies. Voici un tableau abrégé de ce système : EUROPE, Espagne et Portugal, Gaule, Bretagne, Germanie, Italie et ses îles, Chersonèse taurique jusqu'à la Chersonèse de Thrace et ses îles, Pæonie ; Macédoine, Thessalie et ses îles, Dalmatie, Illyrie, Épire et Corcyre, Acarnanie et les

autres états de la Grèce, du nord au midi,
avec les îles de la mer Égée; ASIE, Bos-
phore Cimmérien, Colchide, Pont, Bithynie,
OEolide, Ionie et ses îles, Carie et ses îles,
Cilicie, Lydie, Phrygie, Cappadoce, Arménie, Syrie, Arabie, Perse, Parthie, Bac-
triane et Characène; AFRIQUE, Égypte,
Cyrénaique, Syrthe, Byzacène, Numidie et
Mauritanie. On doit remarquer que les médailles romaines n'entrent pas dans ce système : celui d'Eckhell se compose de deux
grandes divisions : 1° les médailles grecques
des villes, des peuples, et des rois qui les ont
ensuite gouvernés; 2₀ les médailles romaines,
séparées en médailles consulaires et médailles impériales, les premières par ordre
alphabétique des noms des familles, les secondes dans l'ordre chronologique, soit pour
les têtes, soit pour les revers; mais l'on est
peu disposé en général à mêler tous les métaux.

127. Il faut, du reste, un certain exercice
des yeux pour discerner avec certitude les
qualités diverses du style propre à chaque
pays et à chaque époque. Il faut ajouter à cet
examen celui des inscriptions, de la composi-

tion des types, des symboles consacrés par l'usage, du métal et des altérations qu'il a subies, de la conformation des médailles et du genre de leur fabrication; on arrive ainsi à reconnaître certains caractères évidens qui indiquent que la médaille a été frappée en Égypte, en Sicile, etc., si elle est d'ancien style ou d'une époque plus récente; et l'on ne saurait réunir en soi, par l'expérience, trop de signes sommaires de reconnaissance, lorsqu'il s'agit d'une étude aussi compliquée que l'est celle des médailles, dont le nombre a été approximativement estimé à 70,000 de types différens. On les place sur des cartons doubles plus ou moins grands et recouverts de papier ou d'étoffe; au moyen d'un emporte-pièce, on a pratiqué sur le carton supérieur, des trous ronds de la grandeur des médailles; chaque carton est une tablette qui se met dans une armoire qu'on appelle *médailler*; le luxe du propriétaire peut se montrer dans la matière et les ornemens de ce meuble; mais, pour être commode, il doit avoir peu de profondeur et 18 pouces au plus. On place sous chaque médaille une étiquette ronde qui en donne une courte description; il est

bon aussi de laisser quelques trous vides à chaque carton, pour y faire plus facilement les
insertions; enfin, pour qu'une série ne présente pas trop de lacunes, on y admet des imitations des médailles qui manquent, soit en
plomb ou en soufre, soit en plâtre ou en
verre. On a publié des catalogues des plus
célèbres cabinets de l'Europe. L'étude des
ouvrages de ce genre, et sur-tout des planches qui les accompagnent, est un très
grand moyen pour faire des progrès dans
l'étude des médailles:(par l'habitude qu'on
y prend des types, des légendes et des portraits). Rien n'est plus favorable pour reconnaître une médaille *fruste*, c'est-à-dire plus
ou moins effacée. On doit se garder, pour
mieux étudier une médaille, de toucher à la
patine, belle et brillante couleur verte ou
brune qui recouvre les bronzes et qui ajoute
tant à leur prix. On peut enlever sur les médailles de bronze la terre et autres matières
hétérogènes qui les déparent, mais sans atta-
quer la patine; quelques amateurs frottent
ces médailles avec un morceau de drap légèrement imbibé d'huile, et ce procédé fort
simple leur donne plus d'éclat. Au contrai-

re , les médailles d'or et d'argent doivent être soigneusement appropriées , soit avec du blanc de céruse détrempé , soit avec toute autre substance qui n'attaque pas le métal.

128. Les médailles fausses font le désespoir des amateurs, tant l'art de les fabriquer fit des progrès dès son origine. On ne rejette pas avec le même empressement les monnaies altérées, fabriquées par des faussaires dans l'antiquité même , ce sont toujours des monumens anciens, et quelquefois on ne connaît que par ces imitations clandestines, des types très intéressans pour l'histoire : on a déjà vu qu'elles ne sont que dorées ou argentées, au lieu d'être d'or ou d'argent. C'est comme médailles , et pour les vendre aux amateurs, que d'habiles artistes composèrent des pièces d'aspect antique , dès que ce goût se fut répandu , et l'on est forcé de convenir qu'ils donnèrent, par ces fraudes, des preuves de connaissances profondes dans l'histoire et les arts des anciens. Jean-Joseph Cauvin, de Padoue, plus connu sous la dénomination du Padouan, Michel Desrieu, de Florence, Cogonier et Casteron, sont les plus

célèbres faussaires en ce genre, et l'on voit au cabinet du roi, à Paris, une belle suite de coins gravés par le premier. Bauvais a étudié leurs ouvrages avec un soin particulier; il a donné quelques observations qui peuvent les faire reconnaître et qui s'appliquent aux médailles fausses en général. Nous en présentons ici les points principaux.

129. Les grands bronzes du Padouan sont d'un flàn moins épais que celui des antiques, et ne sont ni usés, ni rognés; les bords sont limés, quelquefois très fortement; ils sont presque parfaitement ronds, et une médaille antique ne l'est presque jamais. Les lettres sont grèles, très bien alignées, de formes modernes, et la patine est noire, grasse, luisante et s'enlève facilement avec une pointe. On a ensuite surmoulé ces médailles fausses, le flàn du nouveau moule a plus d'épaisseur, les cavités sont bouchées avec du mastic, un vernis recouvre le tout, mais la médaille est très légère parce que le métal a été employé chaud. Cette différence de poids se fait surtout remarquer dans les pièces d'or ou d'argent.

On s'est avisé aussi de mouler les médail-

les antiques, et de couler dans ces moules
du métal antique afin d'en conserver le titre;
celles-ci sont plus difficiles à reconnaître, si
ce n'est aux lettres qui sont plus épatées,
et à des cavités dans le champ, occasionées
par le sable des moules. On a aussi changé
la nature d'une médaille en la travaillant
avec le burin; Pertinax est devenu un Marc-
Aurèle, ou bien le revers, avec quelques re-
touches sur les lettres, s'est trouvé singulier
ou unique. En sciant des médailles antiques
dans l'épaisseur, on a soudé la tête de l'une
avec le revers de l'autre, et composé ainsi
des pièces inconnues ou embarrassantes
pour l'histoire ; on est allé jusqu'à imiter les
accidens du monnayage, les éclats et les
fentes du flân sous le coin, le déplacement
du coin qui n'a laissé qu'une partie de son
empreinte, etc.; enfin on a même ajouté des
contremarques au poinçon à ces pièces ainsi
fabriquées. Mais comme toutes ces manœu-
vres ne s'appliquent qu'à des médailles d'un
grand prix par leur rareté, on s'entoure ordinairement de tous les moyens d'examen
avant d'en faire l'acquisition.

130. Une médaille qui résistera à toutes les

épreuves qu'exigent les notions qui précèdent, pourra passer pour authentique. La
forme des lettres est un des moyens les plus
utiles dans cet examen; mais l'on ne doit pas
rejeter une médaille parce qu'elle présen-
tera sous ce rapport ou sous tout autre quelqu'imperfection. Si une médaille est bien antique, ces imperfections sont au contraire des
singularités qui lui donnent de la valeur :
les anciens monnayeurs commettaient des
erreurs, et le père Frœlich en a fait le sujet
d'un livre curieux et utile. Il y a des fautes
d'orthographe, des lettres omises, des têtes
sur les deux côtés, au lieu de la tête et du revers, etc.; et quant aux lettres, et aux iné-
galités dans leur arrangement, on a cru pouvoir en conclure que les anciens les pous-
saient d'abord en creux l'une après l'autre
avec un poinçon en relief sur le coin avant
qu'il fût trempé, et qu'ainsi elles ont pu
n'être pas toujours bien en ligne, être
mises l'une pour l'autre et quelques-unes être
oubliées. C'est une doctrine nouvelle qui appelle encore l'examen des savans numisma-
tistes, et rien ne formera plus sûrement l'a-
mateur à la connaissance d'une science aussi

vaste que l'est celle des médailles, que la vue
attentive d'un grand nombre de pièces de
tous les temps et de tous les métaux ; ce
ne sera pas sans en retirer quelques fruits ,
qu'il comparera les pièces fausses avec les
pièces vraies ; des amateurs ont fait dans ce
but une collection des premières, et l'on doit
pleinement les approuver.

131. Après ces généralités sur l'étude de la
numismatique, il nous reste à présenter quelques notions spéciales sur les médailles particulières aux peuples classiques dont nous
nous occupons dans ce Résumé. Ces notions
seront nécessairement très sommaires : les
listes des villes, des peuples et des rois dont
il nous reste des médailles , la nomenclature
de celles qu'on nomme romaines et qui comprennent les consulaires et les impériales, dé-
passeraient à elles seules les bornes qui nous
sont prescrites. Que serait-ce encore s'il fallait énumérer la variété des types, variété
qui est telle, que, sur un nombre de médailles
du même prince, semblables par le sujet, on
n'en reconnaît pas deux qui paraissent sortir des mêmes coins. Le système monétaire des anciens explique en partie cette

singularité : le revers des monnaies était fréquemment changé, varié même pour chaque année, tandis que, chez les modernes, une uniformité, exigée, dit-on, par l'intérêt du commerce et les relations à l'extérieur, ne met entre toutes les monnaies frappées durant le règne entier d'un souverain, que la différence du millésime de ce règne. On comprend par là que les monnaies modernes ne seront jamais des monumens pour l'histoire, et c'est ainsi qu'on a été conduit à la distinction nécessaire entre les *médailles* et les *monnaies* des époques modernes.

§ I. Égyptiens.

132. La numismatique de l'Égypte embrasse quatre époques, correspondant aux variations successives qu'éprouva le gouvernement de cette contrée.

1° *Sous les Pharaons.* Il ne reste aucune pièce de monnaie qu'on puisse attribuer à cette première époque; le système monétaire de ces rois est encore inconnu; on ignore s'il y eut de leur temps de la monnaie proprement dite, ou si elle ne fut pas remplacée par quelques signes de convention dont la valeur intrinsèque n'était point en rapport avec la valeur nominale ; c'est une difficulté historique dont la solution nous sera peut-être fournie par les monumens nombreux recueillis dans cette ancienne patrie des arts et des institutions sociales.

2° *Sous les Perses.* Cambyse fit la conquête de l'Égypte en 525 avant J.-C. ; son successeur Darius Ier y introduisit l'usage des monnaies persannes en or, nommées *dariques* (de Darius) ; le gouverneur que Cambyse avait donné à cette province, Aryandès, y fit frapper des monnaies d'argent qu'on appela de son nom *aryandiques*, et ce gouverneur paya de sa vie cette innovation que Darius traita de rébellion. Ces monnaies d'or et d'argent sont du métal le plus pur ; les premières sont assez rares, les secondes le sont un peu moins.

3° *Sous les Ptolémées.* Alexandre, maître de l'Égypte, en 324 avant l'ère chrétienne (selon la manière de compter les années avant J.-C. adoptée par les chronologistes), y mit en usage la monnaie grecque de son temps, et les Ptolémées, qui succédèrent au

conquérant macédonien, firent battre ensuite une monnaie particulière. Elle existe
encore en grand nombre dans les cabinets,
et dans les trois métaux, or, argent et bronze.
Vaillant a publié, en 1701, l'histoire des
Ptolémées d'Égypte par les médailles ; mais
des recherches récentes ont montré l'insuf-
fisance de ses classifications. Il distribue les
médailles connues à quatorze princes seulement, donnant quatorze règnes, et j'ai fait
voir dans mes *Annales des Lagides*, ou Chronologie des rois grecs d'Égypte successeurs
d'Alexandre, que les Ptolémées formèrent
4 branches qui fournirent 16 souverains et
21 règnes successifs. C'est donc sur ces nouveaux élémens que la numismatique des Ptolémées doit être classée. Ils portèrent tous
un surnom officiel, mais ce surnom ne se
trouve que sur les médailles de quatre d'entre eux, Soter Ier, Philopator, Philométor,
et Evergète II. On n'a pas, pour se guider,
l'emploi d'une ère commune à la dynastie
des Lagides et à laquelle chaque prince aurait rapporté les années de son règne ; les
dates de leurs monnaies ne sont prises que
de ces règnes, et le double emploi d'une an-

née, qui était comptée comme la dernière d'un règne et la première du règne suivant, jette quelques confusions sur l'expression des dates de ces monnaies. Pour les classer avec quelque certitude, il faut : 1° reconnaître celles qui portent un surnom : il n'y a point de doute qu'elles appartiennent au prince à qui ce surnom fut particulier; 2° considérer les dates, puisque l'année 20, par exemple, ne peut s'appliquer qu'à un roi qui régna au moins 20 ans ; 3° avec cette dernière indication, rapprocher les têtes pour reconnaître celles du même prince qui, quoiqu'accompagnées de dates, peuvent convenir à plusieurs d'entre eux, mais que la différence des traits ou de l'âge fait suffisamment discerner ; 4° celles qui ne portent pas de dates, et que la tête ou portrait permet d'attribuer à l'un des Ptolémées : il en est de même des reines, plusieurs d'entre elles ayant porté le même nom.

133. Le type des médailles des Ptolémées étant uniforme et sur les trois métaux, la tête du roi ou de la reine à la face, au revers l'aigle en pied pour les rois et la corne d'abondance pour les reines, il n'y a

que peu de particularités qui puissent ajouter au prix de leurs médailles. Les bronzes
avec les surnoms sont plus recherchés, et les
pièces d'or ou d'argent, selon leur conservation et la beauté du travail. Les singularités
resultant des dates en augmentent le prix ,
et voici quelques remarques essentielles à ce
sujet :

1º. Ptolémée Soter ne s'étant déclaré roi
que 19 ans après la mort d'Alexandre , la
date de la 19e année de son règne est la plus
ancienne sur ses médailles. On ne doit ni en
chercher ni en trouver d'une date antérieure.
La dernière année de Soter qu'on trouve sur
ses monnaies est la 39e ; on n'en connait pas
de la 40e, et une médaille avec cette date serait d'un grand intérêt pour l'histoire. On va
voir pourquoi.

2º Ptolémée Philadelphe, fils de Soter, fut
placé sur le trône par la volonté de son père,
qui le quitta après 39 ans de règne. Philadelphe continuant en quelque sorte le règne
de son père, continua aussi l'usage de l'ère
depuis la mort d'Alexandre, et c'est pourquoi, dans les médailles de Philadelphe, la
première année de son règne était marquée

du chiffre 40, la seconde du chiffre 41, et
ainsi de suite jusques et y compris le nombre 56, répondant à la dix-septième année
du règne réel de ce prince. Alors il se met à
compter par les années même de ce règne, et
après la date 56 vient immédiatement celle
de la dix-huitième année. Il faut donc avoir
égard à cette différence de dates, qui s'explique par ce qui vient d'être dit; mais la
médaille avec la date de l'an 40 manquant
jusqu'ici, on ne sait pas si elle est de Soter ou
de Philadelphe : les probabilités sont pour
ce dernier.

3° Philadelphe eut deux femmes nommées
toutes deux Arsinoé, l'une fille de Lysima-
que, et l'autre sœur de Ptolémée. J'ai donné
les moyens de distinguer les médailles de
l'une de celles de l'autre. La première est
une tête très jeune et ne peut porter que les
dates de l'an 4 à l'an 8 de Philadelphe; la
seconde est une tête d'un âge mur avec les
dates de l'année 23 et suivantes du règne de
ce prince; les médailles d'Arsinoé *jeune*, la
première femme de Philadelphe, sont plus
rares que celles de l'autre.

4° Les dates des médailles de Philométor

ne commencent qu'à l'an 9 de son règne, ce prince ayant été mineur jusqu'à cette année qui fut la 14e de son âge.

5° Les médailles d'Evergète II , avec les dates 1, 2, 3, 4, appartiennent aux quatre années durant lesquelles ce prince occupa temporairement le trône, pendant que le roi régnant était prisonnier du roi de Syrie. Les autres médailles du règne réel d'Evergète II, après la mort de Philométor , portent des surnoms et point de dates.

6° Jusqu'à Cléopâtre , la dernière des Lagides , les médailles des autres princes n'offrent pas de singularité digne de remarque. Mais pour cette reine illustre , une de ses médailles porte une date qui a été rétablie et expliquée pour la première fois dans mes Annales des Lagides; on y lit : *l'an* 21 *et l'an* 6 *de la nouvelle déesse.* On voit donc que, dans la 16e année de son règne , Cléopâtre institua une ère particulière qui courait concurremment avec celle de son règne , et que la 6e année de la nouvelle ère devait répondre à la 21e de son règne ; Cléopâtre avait pris en effet le titre de *nouvelle déesse , nouvelle Isis* dans cette 16e année: tel est le motif

historique de cette double date. Les médailles qui la portent sont assez rares. On
doit remarquer, sur l'ensemble de ces médailles, que le titre des métaux s'abaisse et
que l'art s'y détériore à mesure que l'on se
rapproche de l'époque romaine.

7° *Sous les Romains.* Après la conquête de
l'Égypte par Auguste, on y frappa des monnaies pour tous les empereurs jusqu'à la
12e année de Dioclétien. La langue grecque y fut conservée pour les légendes. On ne
connaît aucune médaille d'or de la période
romaine; il n'y en a pas en argent pour Auguste; celles de Tibère et de Néron sont
d'un titre assez bas, et il en est ainsi jusqu'à Antonin; l'alliage devint plus fort sous
Marc-Aurèle, sous Commode; le potin fut
adopté depuis Septime-Sévère jusqu'à Gallien, et les pièces de ce genre sont très
épaisses; après Gallien elles valurent moins
encore, et depuis Aurélien jusqu'à Dioclétien
il n'y en a plus que de cuivre. La suite des
médailles romaines d'Égypte est très nombreuse et très intéressante pour l'histoire.
Après Dioclétien on frappa aussi des monnaies romaines à Alexandrie, mais en latin,

et on croit les reconnaître à la marque ALE
qui se lit à l'exergue.

134. L'usage presque constant des dates,
sur les médailles d'Égypte, leur donne un
intérêt particulier pour la chronologie; mais
ces dates sont fondées sur un principe qu'il
est bon de connaître, pour ne pas se méprendre à leur expression. Auguste rendit
fixe l'année civile qui jusque-là était *vague*
en Égypte, c'est-à-dire que de 365 jours
seulement, il la porta à 365 jours $\frac{1}{4}$ en faisant
ajouter un 366ᵉ jour à chaque 4ᵉ année, et
cette année fixe égyptienne commençait
toujours le 29 ou le 30 août romain. Dès le
renouvellement de l'année en Égypte, on
frappait la nouvelle monnaie de l'empereur
pour la nouvelle année qui courait d'un 29
août à l'autre; dès que ce prince était mort,
on frappait la monnaie de son successeur,
qui était marquée *année* 1ʳᵉ; dès le 29 août
qui suivait l'avènement, on frappait les monnaies marquées *année* 2ᵉ, et l'année précé-
dente se trouvait ainsi comptée deux fois,
comme dernière de l'empereur mort et comme première de son successeur. Il en est ré-
sulté aussi une autre singularité : on trouve

des médailles de Galba avec la date de la 2ᵉ année de son règne, et cependant il ne conserva le pouvoir impérial que durant sept mois : mais le 29 août, ou le renouvellement de l'année égyptienne, arriva dans ce court espace de temps. Les années même du règne d'Auguste y sont marquées de l'occupation de l'Égypte et non de son avénement au trône impérial, c'est-à-dire, de l'an 29 avant J.-C.

135. On a fait un classe à part de certaines médailles impériales romaines, celles des *nomes* ou provinces de l'Égypte, qui sont beaucoup plus rares que les types ordinaires. Ces provinces ne s'arrogèrent ou n'obtinrent ce droit que sous Trajan, et il cessa avec le règne d'Antonin. Contre l'usage des monnaies grecques des peuples ou des villes qui y conservaient leur nom au génitif, le nom des nomes est au nominatif; on n'y trouve que ce nom, la date du règne du prince dont l'effigie est sur la face de la pièce, et des figures qui se rapportent au culte particulier adopté dans le nome selon l'ancien rite égyptien. Le nombre des nomes mentionnés sur les médailles non suspectes, est

de 46. Mais la division de l'Égypte a varié sous les diverses dominations, et ces médailles nous font voir son état géographique pour l'époque romaine seulement. Ces médailles sont de grand bronze pour Trajan, Antonin et Marc-Aurèle César ; il y en a peu de ce module pour Hadrien, celles de ce prince étaient en général de 3ᵉ ou de 4ᵉ grandeur ; ce sont les moins rares et presque toutes sont datées de l'an XI de son règne. On regarde comme suspectes les médailles qui portent le nom des nomes ou villes de Pinamys, Heroopolites, Nicopolites, Canopus et Heptanomis.

§ II. GRECS.

136. La numismatique des Grecs est d'une telle étendue, d'une telle variété, elle se rapporte à tant de peuples, à tant de villes, à tant de rois, qu'il est même hors des limites de ce Résumé d'en donner ici la nomenclature. Nous devons nous borner aux généralités de cette étude considérée dans ses applications aux monnaies des états que comprend la classification géographique indi-

quée au 126ᵉ paragraphe. Ces monnaies sont dans les trois métaux employés partout à leur fabrication, et se distinguent par les sujets qui occupent la face et le revers; la face, qui en est le type principal porte ou la tête d'un dieu, ou des symboles soit religieux, soit topographiques, adoptés pour type légal, ou la tête d'un prince; le revers offre aussi des types du même genre, et ils servent avec les légendes, les inscriptions, les monogrammes qui sont dans le champ comme des sortes de contremarques, à déterminer l'*attribution* certaine ou probable de la médaille, c'est-à-dire, à reconnaître l'autorité qui l'a fait frapper, son époque et son lieu géographique. Les dates, très fréquentes sur ces médailles, se rapportent soit à l'ère ou aux ères instituées dans ces lieux, soit au règne du prince figuré sur la face de la médaille; ce sont autant d'élémens divers qui concourent à son entière interprétation et à son application aux faits contemporains de l'histoire.

137. Les plus anciennes médailles grecques, celles qui forment la première époque selon Eckhel, et qui sont antérieures à

Alexandre-le-Grand , se reconnaissent à la simplicité des types , à l'incorrection du dessin , à l'absence de toute légende ou inscription, à l'antique forme des lettres grecques quand elles en portent ; à l'absence de type au revers qui n'est qu'une aire et ne présente que les traces, souvent irrégulières, du coin inférieur divisé par des lignes en plusieurs carrés et qui servait à contenir le flân sous le marteau. Ces médailles sont rondes , épaisses et souvent globuleuses ; un grenetis entoure quelquefois leur champ. Les pièces en or, et sur-tout en argent, sont plus communes pour cette époque primitive que les pièces en bronze, et quand une légende n'accompagne pas le type , on ne peut déterminer son attribution à un peuple ou á une ville, que si ces types sont expliqués par l'histoire ou par les analogies avec des médailles plus complètes. Pour les époques suivantes, le bronze devient plus commun, le dessin plus correct, les légendes manquent rarement et sont plus étendues. Tous les arts avaient fait alors de grands progrès, et les belles médailles de Syracuse prouvent

jusqu'à quel point de perfection l'art monétaire était porté.

138. On distingue dans les médailles du
même peuple ou de la même ville, la diversité de leur état politique. S'ils étaient libres et se gouvernant par leurs propres lois,
la médaille est *autonome ;* on n'y trouve l'indication d'aucun pouvoir supérieur. Cette
autonomie fut quelquefois conservée aux
peuples et aux villes même après la soumis-
sion à un pouvoir étranger ; dans ce cas le
nom du peuple ou de la ville est toujours
sur la médaille, mais on y trouve aussi le
nom du roi ou du peuple conquérant, et c'est
ce que Eckhel a nommé *autonomie officieuse*.
Ce droit a été très variable pour les villes
grecques, soumises, quelquefois en peu de
temps, à des influences plus ou moins favo-
rables à leur indépendance. Toutes ces circonstances sont autant de faits exprimés
par la teneur même des légendes bien interprétées ; on y trouve aussi l'indication de
certains titres que les villes ou les peuples
se donnaient en signe de certains droits ou
de certaines suprématies, la qualification des
magistrats ou de certaines autorités légale-

ment reconnues, et une foule d'allusions aux rites, aux usages ou aux origines de la ville ou du peuple. Afin d'abréger l'exposé de toutes ces notions, nous réunissons ici toutes les circonstances importantes pour l'étude des médailles grecques, sous les mots et les formules qu'on trouve dans leurs légendes.

139. *Magistratures nationales ou étrangères, prérogatives religieuses ou civiles, jeux, fêtes, etc.*, qui se trouvent sur les médailles grecques.

Magistratures. On doit observer à ce sujet que, lorsqu'il s'agit d'une *magistrature simple*, elle n'est pas désignée par un nom spécial, et qu'on n'y lit que le nom même du magistrat, précédé ou non de la préposition ΕΠΙ *sous*, ΕΠΙ ΘΕΟΔΟΡΟΣ ΑΡΧΙΠΠΟΥ *sous* (le magistrat) *Théodore* (fils) d'*Archippus*. Les prépositions ΥΠΟ et ΔΙΑ sont aussi employées dans le même sens, et ΠΑΡΑ se trouve sur une médaille d'Apamée de Phrygie. Les magistratures les plus connues sont les suivantes :

ΚΙΝΟΒΟΥΛΙΟΝ, la réunion de tous les ordres de l'état.

ΣΥΝΑΡΧΙΑ, la réunion de toutes les magistratures.

ΒΟΥΛΗ, ΙΕΡΑ ΒΟΥΛΗ, le sénat, le sacré
sénat.

ΔΗΜΟC, ΙΕΡΟC ΔΗΜΟC, le peuple, le sacré
peuple.

ΓΕΡΟΥΣΙΑ, le collége des anciens.

ΑΡΧΩΝ, ΑΡΧΟΝΤΕΣ, archonte, les archon-
tes.

ΣΤΡΑΤΗΓΟΣ, ΑΝΤΙΣΤΡΑΤΗΓΟΣ, stratège,
antistratége, magistrature militaire.

ΓΡΑΜΜΑΤΕΥΣ, ΓΡΑΜΜΑΤΕΥΩΝ, scribe légal, étant scribe.

ΕΦΟΡΟΣ, éphore, magistrat de Lacédémone;
on ne trouve ce titre que sur une seule médaille de Lacédémone, pour l'éphore Ti-
maristus.

ΝΟΜΟΦΥΛΑΞ, garde des lois; se trouve sur
une autre médaille unique de Lacédémone,
pour le nomophylax Aristandre.

ΠΡΥΤΑΝΙΣ, prytane (modérateur), ayant diverses attributions.

ΤΑΜΙΑΣ, questeur, chargé des contributions
publiques.

ΙΕΡΕΥΣ, ΙΕΡΕΙΑ, ΑΡΧΙΕΡΕΥΣ, prêtre, prê-
tresse, grand pontife, magistrature sacer-
dotale.

ΑΣΙΑΡΧΗΣ, commandant de l'Asie; magistrat qui présidait aux jeux sacrés célébrés dans l'Asie mineure, sous les Romains.

ΠΑΝΗΓΥΡΙΑΧΗΣ, présidant aux fêtes solennelles; médailles d'Apamée de Phrygie.

ΑΓΩΝΟΘΕΤΑ, directeur des jeux et spectacles publics.

ΓΥΜΝΑΣΙΑΡΧΗΣ, intendant des gymnases.

ΕΠΙΜΕΛΗΤΗΣ, curateur, qui prend soin.

ΕΠΙΣΤΑΤΗΣ, chef du sénat, ou curateur; médaille de Pergame.

ΣΥΝΚΛΗΤΟΣ, le sénat.

ΔΗΜΟΣ ΡΩΜΑΙΩΝ, le peuple romain.

ΙΠΠΙΚΙ, l'ordre équestre, les chevaliers.

ΥΠΑΤΟΙ, les consuls.

ΑΝΤΥΠΑΤΟΙ, les proconsuls.

ΠΡΕΣΒΕΥΤΟΙ, les envoyés.

ΑΝΤΙΣΤΡΑΤΗΓΟΙ, les propréteurs.

ΗΓΕΜΟΝΕΣ, les présidens.

ΕΠΙΤΡΟΠΟΙ, les *procuratores*.

ΠΑΤΡΩΝΙ, les patrons.

ΑΥ. ΑΥΤ. ΑΥΤΟ. ΑΥΤΟΝ. ΑΥΤΟΝΟΜΟΥ; sur les médailles des villes *autonomes*, se gouvernant par leurs propres lois, ou en ayant conservé le privilége sous une domination étrangère, et ce droit est marqué sur les médailles de Abila, Ægée, Anazarbe,

Antioche de Syrie, Apamée, Aréthuse, Capitolia, Corycus, Diocæsarée, Dora, Gadara, Halicarnasse, Laodicée de Syrie, Moca, Mopsus, Samosate, Sébaste de Cilicie, Séleucie de Syrie, Termessus, Tripolis de Phénicie et Tyane.

ΕΛΕΥΘ. ΕΛΕΥΘΕΡΑϹ, sur les médailles des villes *libres*, qui furent : Amisus, Chersonèse de Tauride, Hippo, Rhodes, Sébaste, Tarces, Séleucie de Cilicie, Thessalonique de Macédoine.

ΑΤΕΛΕΙΑΣ, *immunité* des tribus, sur les médailles de Alebande dans la Carie.

ΦΙΛΗΣ ΣΥΜΜΑΧΟΥ, marque d'amitié et de confédération de deux peuples ou de deux villes.

ΜΗΤ. ΜΗΤΡΟΠΟΛΕΙΤΩΝ. ΜΗΤΡΟΠΟΛΕΩΣ. ΜΗΤΡΟΠΟΛΙΣ, titres de métropole que prirent les villes suivantes : Amasie, Amastris, Anazarbe, Ancyre, Antioche de Syrie, Cæsarée de Cappadoce, Carrhæ, Coropysus, Diocæsarée, Edesse, Emise, Halicarnasse, Héraclée, Isaurus, Lampsaque, Magnésie, Néocæsarée de Pont, Nicomédie, Nisibi, Perge, Pergame, Petra, Philippopolis de Thrace, Pompéiopolis, Prusias, Samosate, Sardes, Séleucie de Cilicie, Sidon, Tarses, Thessalonique, Tonis, Tripolis de Phénicie, Tyr.

ΠΡΩΤ. ΠΡΩΤΗΣ. ΠΡΩΤΟΙ. ΠΡΩΤΩΝ, autre titre de primauté affecté par d'autres villes, dont quelques-unes se disaient aussi métropoles. Ces villes *premières* furent : Amasie, Cæsarée, Ephèse, Laodycée de Syrie, Mythilène, Nicée, Nicomédie, Pergame, Sagalasse, Samos, Smyrne, Tralles. D'autres villes s'intitulèrent vraisemblablement la seconde, la troisième, et on a un exemple de *la septième de l'Asie* sur les médailles de Magnésie en Ionie.

N. NE. NEΩK. NEΩKOPA. NEΩKOPOΣ. NEΩKOPΩN, titre des peuples et des villes qui avaient élevé des temples ou établi des fêtes et des spectacles en l'honneur des empereurs, et qualification des prêtres qui desservaient ces temples ou qui présidaient à ces fêtes. Les peuples et les villes qui ont marqué sur leurs médailles cette obséquieuse institution, sont les suivans : Abyla *, Acmonie, Adramytium, Ægée, Amasie, Ancyre, Attalie, Cæsarée de Cappadoce, Claudiopolis, Cybire, Cysique, Ephèse *, Halicarnasse , Héraclée (on ne sait laquelle), Hiérapolis, Juliopolis, Laodycée de Phrygie, et de Syrie*, les Macédoniens, Magnésie d'Ionie, Milet, Néapolis, Néocæsarée de Pont, Nicomédie , Nysa * , Perge* , Pergame, Périnthus, Philadelphie de Lydie, Philippopolis, Sardes de Lydie, Sydæ, Smyrne, Taba, Tarces * , Théos , Thessalonique , Tonis en Mœsie , Tralles et Tripolis *.

IEP. IEPAΣ, sacré, sacrée, AΣ. AΣY. AΣYΛOΣ , droit d'asile. } IEPAΣ KAI

AΣYΛOY , *ville sacrée avec droit d'asile* , titre que prirent aussi les villes , dont le nom , dans la nomenclature qui précède, est suivi d'un * , ainsi que les villes suivantes : Ancyre, Antioche de Cilicie, de la Décapole, de Syrie et de la Ptolémaïde, Apamée, Aréthuse, Ascalon, Biblus, Cæsarée de Panias et de la Sammaritide, Capitoliaz , Démétria de Syrie, Diocæsarée, Dora, Épidaure, Epiphanea, Eusebia , Gadarus , Gaza , Germe , Jérusalem, Larisse de Syrie, Moca, Mopsus, Nicopolis, Olba, Ptolemaïs, Raphia, Rhosus, Samosate , Sébaste , Séleucie de Syrie , Sydon, Synnada, Tyana, Tyr.

NAY. NAYAP. NAYAPXIΣ. NAYAPXIΔOΣ,

villes maritimes avec port militaire. On les trouve au nombre de neuf sur les médailles de Ægée, Carystus, Corycus, Dora, Nicopolis d'Épire, Sébaste de Cilicie, Sydon, Torni et Tripolis de Phénicie.

140. Quelques villes grecques indiquèrent aussi sur leurs médailles leur situation sur la mer, dans le voisinage des fleuves, des bois sacrés, des fontaines, dans telle province, pour se distinguer des villes du même nom situées dans d'autres contrées, enfin leur confraternité avec d'autres villes ou peuples, ΑΔΕΛΦΑΙ ou ΑΔΕΛΦΩΝ. Elles ne s'épargnèrent pas non plus les épithètes honorifiques : ΕΝΔΟΞΟΣ ou ΕΝΔΟΞΟΤΕΡΑ, illustre ou plus illustre; ΕΝΤΙΜΟΣ, honorable; ΕΠΙΣΗΜΟΣ, insigne; ΕΣΘΙΑ ΘΕΩΝ, maison ou demeure des dieux; ΚΑΛΛΕΙ ΚΑΙ ΜΕΓΕΘΕΙ, belle et grande (médaille de Smyrne); ΛΑΜΠΡΟΤΑΤΗ, très splendide; ΜΕΓΙΣΤΟΙ ΑΡΙΣΤΟΙ, très grands et très bons (ceux de Nicée de Bithynie); ΣΕΜΝΗ, vénérable, ΦΙΛΟΡΟΜΑΙΟΙ, amis de Rome; enfin le mot ΟΜΟΝΟΙΑ, suivi de deux noms de peuples, exprimait leur *concorde* ou alliance. Les peuples et les villes mirent aussi

sur leurs médailles les noms ou la représentation des dieux ou des héros dont ils pré-
tendaient tirer leur origine.

141. Les médailles des rois, comme celles
des peuples et des villes, ont leurs légendes au
génitif. Il y a peu d'exceptions à cette règle,
qui suppose que le mot νόμισμα, *monnaie*,
est sous-entendu. Mais les rois exprimèrent
parfois sur les monnaies, des charges ou di-
gnités particulières, notamment les empereurs romains, dont les légendes sur les médailles grecques ne ressemblent pas toujours
à leurs légendes sur les médailles romaines,
et ils ne s'épargnèrent pas non plus les qua-
lifications honorifiques. Les principales sont
les suivantes: ΑΜΦΙΜΑΧΟΣ, combattant pour
tous ; ΑΡΧΙΕΡΕΥΣ, grand-prêtre ; ΑΡΧΩΝ,
chef ; ΒΑΣΙΛΕΥΣ ΒΑΣΙΛΕΩΝ, roi des rois ;
— ΜΕΓΑΣ, grand roi ; ΔΙΚΑΙΟΣ, juste ; ΔΥ-
ΝΑΣΤΗΣ, puissant ; ΔΙΟΝΥΣΟΣ, Bacchus ;
ΕΘΝΑΡΧΗΣ, chef du peuple ; ΕΥΣΕΒΗΣ,
pieux ; ΘΕΟΣ, dieu ; ΘΕΟΣΕΒΗΣ, pieux envers les dieux ; ΚΑΛΛΙΝΙΚΟΣ, vainqueur illustre ; ΝΙΚΑΤΩΡ, victorieux ; ΝΙΚΕΦΟΡΟΣ,
nicéphore, porte-victoire ; ΠΑΝΑΡΙΣΤΟΣ,
très bon ; ΣΩΤΗΡ, sauveur ; ΤΕΤΡΑΡΧΗΣ,

tétrarque ; ΤΟΠΑΡΧΟΣ, président de la province ; ΦΙΛΕΛΛΗΝΟΣ, ami des Grecs ; ΦΙΛΟΚΑΙΣΑΡ, ami de César ; ΦΙΛΟΚΛΑΥΔΙΟΣ, ami de Claude ; ΦΙΛΟΠΑΤΡΙΣ, ami de la patrie ; ΦΙΛΟΡΟΜΑΙΟΣ, ami de Rome.

142. On trouve aussi un grand nombre de fêtes, jeux, spectacles, mentionnés sur les médailles grecques, presque toujours par leur nom plus ou moins abrégé. Nous en mettons ici la liste, afin que l'interprétation de ces mots abrégés n'offre pas trop d'embarras dans les études numismatiques.

ΑΚΤΙΑ, actiaques (d'Actium) ; ΑΛΕΞΑΝΔΡΕΙΑ, alexandrius (d'Alexandre-le-Grand); ΑΝΤΟΝΙΝΙΑΝΑ, antoniniens (des Antonins); ΑΣΚΛΗΠΙΑ, asclépiens (d'Esculape) ; ΑΤΤΑΛΗΑ et ΑΤΤΑΛΕΙΑ, attaléens (d'Attale) ; ΑΥΓΟΥΣΤΕΙΑ et ΣΕΒΑΣΜΙΑ, augustéens (d'Auguste); ΑΥΡΗΛΙΑ, auréliens (des Antonins); ΚΑΙΣΑΡΙΑ, césariens (de divers empereurs romains); ΚΑΠΙΤΟΛΙΑ, capitolins (de Rome, à cause du Capitole) ; ΚΕΝΔΡΕΙΣΕΙΑ, cendrisiens ; ΚΡΤΣΑΝΘΙΝΑ, Chrysanthiens ; ΚΛΑΥΔΙΑ, claudiens (de Claude); ΚΟΡΑΙΑ, coræens (en l'honneur de Proserpine); ΔΗΜΗΤΡΙΑ, démétriens (en l'honneur de Cérès); ΔΙΔΥΜΕΙΑ, didyméens (en l'honneur d'Apollon); ΔΙΟΝΥΣΙΑ, dionysiens (en l'honneur de Bacchus); ΔΟΥΣΑΡΙΑ, dousariens (en l'honneur de Bacchus); ΕΝΜΟΝΙΔΕΙΑ, enmonidiens; ΕΠΙΔΗΜΙΑ, pour la bonne arrivée d'un prince; ΕΦΕΣΙΑ, éphésiens (en l'honneur de la Diane d'Éphèse); ΕΠΙΝΕΙ-ΚΙΑ, pour une victoire; ΓΟΡΔΙΑΝΕΙΑ, (en l'honneur de Gordien); ΓΥΜΝΑΣΙΑΡΧΙΑ, du gymnase; ΗΛΙΑ, héliaques (du soleil); ΗΡΑ-ΚΛΕΙΑ, héracléens (d'Hercule); ΗΡΑΙΑ, Eréens (de Junon); ΙΣΘΜΙΑ, isthmiques; ΛΗΤΩΕΙΑ, de Latone; ΜΥΣΤΙΚΑ, mystiques ou d'initiation; ΝΑΥΜΑΚΙΑ, naumachies ou maritimes; ΝΕΜΕΙΑ, néméens; ΟΙΚΟΥΜΕΝΙΚΑ, œcuméniques ou généraux; ΟΛΥΜΠΙΑ, olympiques; ΠΑΝΙΩΝΙΑ, panioniens, pour tous les peuples de l'Ionie; ΦΙΛΑΔΕΛΦΙΑ, philadelphiens, pour la réconciliation de Caracalla et de Géta; ΠΡΩ-ΤΑ, dans les villes qui avaient le titre de *première;* ΠΥΘΙΑ, pythiques ou d'Apollon; ΣΕΥΕΡΙΑ, pour l'empereur Sévère; ΣΩΤΗ-ΡΕΙΑ, pour le salut public ou celui du prince; ΟΥΑΛΕΡΙΑΝΑ, pour l'empereur Valérien. Le mot ΑΘΛΑ avec des trophées se rapporte à la victoire remportée par les athlètes dans certains de ces jeux.

143. On vient de voir, dans les paragraphes qui précèdent, les particularités les plus dignes de remarque sur les médailles grecques. Quant aux généralités, telles que les noms des rois, des peuples, des villes, les légendes des empereurs romains, etc., il est impossible d'en donner ici la nomenclature, et il faut recourir pour cela aux tables dressées à ce sujet par les numographes. Le grand ouvrage publié par M. Mionnet sous le titre de *Description des médailles grecques*, est le résumé général et méthodique de tous les travaux antérieurs ; chaque volume a une table particulière, et il n'y a pas de doute que cet important recueil, qui donne à la fois les légendes, inscriptions, monogrammes, contremarques, types, grandeur, état du travail, degré de rareté et prix de chaque médaille, ne soit terminé par des tables générales qui seront d'un très grand secours pour les recherches à faire dans cet ouvrage, et pour l'étude générale et même élémentaire de la numismatique grecque.

§ III. Étrusques.

144. La numismatique étrusque est la plus bornée de toutes ; ce pays n'occupait qu'une portion de l'Italie ; il ne fut libre qu'à une époque où le goût des monumens était peu répandu, et où son état économique n'exigeait pas une grande extension dans son système monétaire. Bientôt après il fut soumis par les Romains, et cette circonstance ne fut rien moins que favorable à sa durée et à l'agrandissement de ses institutions publiques. Les médailles qui nous restent des peuples étrusques se classent en trois divisions purement géographiques, c'est-à-dire l'Étrurie moyenne, l'Étrurie inférieure ou campanienne, l'Étrurie supérieure ou des rives du Pô. Les bronzes sont les plus communs ; c'étaient des *as* ou livres de douze onces, qui se subdivisèrent comme on l'a dit au § 221, p. 124 ci-dessus de l'as romain, et ils portèrent les mêmes marques pour indiquer la même valeur. Les plus anciens as sont un carré long dont le type est la figure

d'un bœuf ; ils sont fondus et sans revers :
on leur donna ensuite la forme ovale, et enfin la forme ronde. On trouve les plus grandes analogies entre les as étrusques et les as
romains, et ces deux monnaies paraissent
avoir subi contemporainement les mêmes
variations de poids, de forme et de subdivisions. Mais l'antériorité de l'une à l'égard
de l'autre est un sujet de graves dissidences
entre des hommes également instruits, et
monsignor Guarnacci veut que la plus grande
partie des as étrusques soit antérieure au
roi de Rome Servius Tullius. On en trouve
en effet des villes de Todi et de Crustumer,
occupées et réduites en colonies romaines
par Romulus lui-même, et aussi de Vetulonia, presque détruite à l'époque de Tar-
quin l'Ancien; mais on répond que ces villes,
quoique soumises par les rois de Rome, ont
pu conserver le droit de battre monnaie.
Sur cette difficulté comme sur tout ce qui
se rapporte à l'état de l'Étrurie moyenne
avant l'époque présumée et si incertaine
de la fondation de Rome, on ne doit pas
oublier que Rome étant d'origine étrusque,
et ayant acquis, postérieurement à d'autres

cités de la même contrée, la prépondérance qui la conduisit successivement à la domination universelle, elle dut dès le principe de sa puissance adopter les institutions qui étaient en vogue dans la contrée dont elle n'était qu'une fraction, et c'est ce qui rend très naturels les rapports non contestés de l'as romain avec l'as étrusque ; d'où il suit aussi qu'il peut y en avoir parmi ces derniers de plus anciens que les premiers as romains, mais aucun signe certain ne peut les faire reconnaître.

145. La connaissance de la numismatique étrusque est une des plus récentes conquêtes de l'érudition ; elle date du dernier quart du XVIIIe siècle. Jusqu'alors on considérait ces médailles comme hébraïques, phéniciennes ou grecques ; et Pellerin attribuait encore aux Iliens de la Grèce les médailles étrusques de la ville de Todi ; mais les recherches des savans italiens fondèrent enfin les doctrines relatives à cette partie très importante de leurs antiquités nationales. Arigoni forma la première collection de ces médailles, et bientôt celle d'Olivier à Pesaro, Guarnacci à Volterra, Borgia et Zelada à

Rome, jetèrent les dernières lumières sur leur étude. On y ajouta de temps en temps quelques pièces nouvelles, et tel est le *quadrante* (quart d'as ou 3 onces), publié dernièrement par M. Vermiglioli, qui l'attribue à la ville de Hiretum des Sabins. Ce n'est qu'assez tard aussi qu'on trouva quelques médailles étrusques en *argent*, et elles sont très rares.

146. On y a reconnu les noms des douze principales villes de l'Étrurie moyenne, savoir : Camars ou Clusium, Cossa, Faleria, Gravisca, Ilva, Luna, Peruza, Populonia, Telamon, Tutera ou Tudertum, Volatteri ou Volterra, et Vetulonia. Leurs noms sont inscrits sur leurs monnaies en caractères étrusques et plus ou moins abrégés, de droite à gauche ordinairement. Chacune de ces villes avait adopté un type particulier, une roue, le sanglier, la tête de cheval, l'aigle, la chouette, les attributs des divinités, etc. ; quelques médailles n'ont aussi que la lettre initiale du nom de la ville qui l'a fait frapper, d'autres ne portent aucune légende, et les premières peuvent être attribuées à plusieurs villes dont le nom commençait par cette lettre. Les

types sans légendes offrent encore plus de
difficultés ; on range très sagement les médailles étrusques de ce genre parmi les *incertaines* ; cette classe est assez nombreuse
et semble renfermer les plus anciennes.

147. Les monnaies rectangulaires en bronze sont de beaucoup plus rares que les monnaies rondes du même métal ; elles pèsent
plusieurs as anciens. On en connaît onze
différentes de type et de poids. La plus intéressante, parce qu'elle est la seule qui porte
une inscription, est celle qui a un pégase
avec le mot ROMANOM à la face, et un
aigle avec la foudre au revers. On voit sur
les autres : un éléphant, au revers une truie ;
le trident et le caducée ; un poignard et son
fourreau ; deux dauphins et deux tridents ;
un bouclier à la face et un autre au revers ;
un bœuf de chaque côté ; un bœuf et une
espèce de palme ; une palme ou branche
d'arbre de chaque côté ; une palme et deux
dauphins. Ces trois dernières paraissent être
les plus anciennes de toutes.

148. Ce qui vient d'être dit en général
sur les médailles de cette partie de l'Étrurie,
s'applique aux médailles de l'Étrurie infé-

rieure ou campanienne et de l'Étrurie circumpadane (sur le Pô). On comprend dans
l'Étrurie campanienne les médailles des
Samnites, des Osques, Volsques, Marses,
Sabins, Lucaniens, Brutiens, et de tout le
territoire de l'ancienne Grande Grèce. Quelques-unes sont en caractères latins. Les médailles de l'Étrurie circumpadane, sont celles
des Piceni et des Umbri, et les principales
villes furent Hatri, Arimno, Pesaro (PIS.
pour légende) et Icuvium (Gubbios avec
IKVVINI). On diffère aussi d'opinion sur
le temps, relativement à Rome, auquel on
peut rapporter les monnaies de ces deux
portions de l'Étrurie, et aucun caractère
authentique ne permet de trancher ces difficultés. Cette circonstance ne diminue nul-
lement l'intérêt de la numismatique étrusque.
Ces monumens se rapportent sans aucun
doute au plus ancien état des sociétés policées en Europe, dont les monumens nous
aient conservé des témoignages.

§ IV. Gaulois et Espagnols.

149. Les médailles gauloises ont un inté-

rêt tout particulier pour notre histoire na-
tionale, mais elles ne lui fournissent que peu
de renseignemens propres à éclaircir les
doutes qui existent sur l'état réel de la civilisation dans les Gaules. Pour les monnaies
comme pour les inscriptions, on nomme
gauloises celles même qui n'ont éfé frappées
qu'après l'invasion des Romains, mais qui
portent encore les noms des chefs gaulois ou
des villes existantes à l'époque de cette invasion. Il y a néanmoins des médailles d'or,
d'argent et de bronze antérieures à cet événement, et l'on pourrait ainsi reconnaître des
médailles *gauloises autonomes* et des médailles
gallo-romaines. Les premières se distinguent
par l'imperfection de l'art à peine sorti de
son enfance : c'est une tête dont les traits
grossiers manquent de toute proportion , et
au revers un cheval libre au galop, ou autres
quadrupèdes également mal dessinés ; une
étoile ou quelques lettres sont dans le champ.
On a cru reconnaître dans celles qui offrent
un cavalier ou un cheval libre, des imitations
des *philippes* de Macédoine ; mais l'établisse-
ment de la monnaie en Italie étant antérieur à ce prince, et les relations de la Gaule

avec les nations transalpines ne pouvant
lui laisser ignorer cet usage si nécessaire,
les princes et les magistrats qui gouver-
naient les provinces ou les villes gauloises,
firent aussi frapper de la monnaie avec les
trois métaux. On y voit leur nom et leur
tête ou celle de quelque divinité, et au revers le nom de la ville ou de la cité, et pour
symbole topographique, un animal, tel que
le sanglier ou verrat, qui était aussi sur leurs
enseignes. Eckhel reconnaît ces monnaies
comme antérieures à l'invasion romaine. On
pourrait aussi considérer comme ayant le
caractère de cette antériorité, les pièces qui
portent des noms ou des mots dont la terminaison n'est pas latine. Une ville grecque
comme Marseille dut exercer quelque influence sur le système monétaire des Gaulois ; aussi trouve-t-on sur les médailles
gauloises, outre le cheval et le sanglier, et
le pentagone considéré comme symbole de
l'immortalité de l'ame, dont les Druides pro-
fessaient le dogme, la tête de Pallas casquée,
empruntée peut-être des deniers consulaires
romains. Les progrès de l'art monétaire dans
la Gaule autonome furent hâtés par l'intro-

duction des monnaies grecques ; quelques pièces gauloises sont d'un travail soigné, mais la plus grande partie d'entre elles est bien éloignée de cette perfection.

150. Les légendes des médailles sont en lettres grecques ou latines, c'est-à-dire que la communauté primitive du même alphabet donne cette similitude pour les médailles des trois peuples. On n'y trouve, en général, que des noms d'hommes ou de lieux, et s'il y avait quelqu'autre espèce de mots, l'ignorance de la langue gauloise ne permettrait pas d'en donner une interprétation certaine. Pour les monnaies des villes d'origine grecque, comme Marseille, Antibes, Béziers, etc., les légendes sont purement grecques, c'est-à-dire en lettres et en langue grecques. A leur arrivée dans les Gaules, les Romains y trouvèrent plusieurs fabriques de monnaies ; ils les conservèrent et en établirent trois nouvelles : à Arles, Lyon et Trèves. Mais il paraît que ces villes cessèrent de frapper des monnaies sous Auguste ; Tibère ne voulut tolérer que les monnaies romaines, et l'on ne trouve que des monnaies d'Auguste sorties des ateliers de Lyon et de Nîmes. Il

paraît que, du temps de César, l'émission des monnaies d'argent fut considérable dans les Gaules : plusieurs chefs connus par les écrits de ce grand capitaine se trouvent sur ces monnaies. J'ai publié en 1820 (Recherches sur Uxellodunum) la médaille de Durat, commandant gaulois des Pictones pour Jules César, médaille qu'on avait faussement attribuée à la ville de *Julio-Bonna*. On voit par cette pièce d'une date certaine, quel était à cette époque l'état de l'art monétaire dans les Gaules. Mais les noms des chefs assez nombreux qui sont nommés dans ces médailles, sont pour la plupart inconnus. Enfin l'irrégularité des flâns est aussi un caractère des médailles gauloises ; ils sont ronds, carrés, triangulaires ou polygones irréguliers. Le flân de la médaille en bronze de Nîmes, d'Auguste et Agrippa, a même été alongé de manière à avoir la figure de la cuisse d'un quadrupède.

151. On distingue donc d'abord, parmi les médailles gauloises autonomes, ou antérieures aux Romains : 1° celles des villes et des peuples d'origine gauloise, qui sont, Avaricum (Bourges), Petrocorii (Périgueux),

Santones (Saintes), Turones (Tours), Segu-
sia (Suze), Nemausus (Nîmes), Volcæ-Are-
comici (environs de Nîmes), Aballo (Ava-
lon), Andecavi (Angers), Aulerci-Eburones
(Evreux) , Cabellodunum (Châlons-sur-
Saône), Catalaunum (Châlons-sur-Marne),
Remos (Reims), Ratumacos (Rouen), Sequani
(rives de la Saône), Eburones (pays de Liége),
Mediomatrici (Metz), Durnaco (Tournay),
Virodunum (Verdun); 2° celles des villes ou
des peuples qui eurent des monnaies comme
colonies romaines : Cabellio (Cavaillon),
Nemausus (Nîmes), Ruscino (le Roussillon),
Vienna (Vienne), Lugdunum Copia (Lyon),
Agrippina (Cologne) ; 3° les peuples et les
villes d'origine grecque : Antipolis (Antibes),
Avenio (Avignon), Betarra (Béziers), Massa-
lietôn (Marseille) , Rhodanusia (Roses ?) ;
4° les chefs gaulois, dont les noms en général
très abrégés ou avec des terminaisons gauloises, présentent beaucoup de difficultés ,
l'histoire écrite n'en ayant pas parlé. Nous
dirons pour ces noms, que leur terminaison
en *us* , comme *Ambactus* , *Durnacus*, etc.
peut faire supposer que déjà l'influence
romaine s'exerçait dans les Gaules. Les

médailles gauloises sans légendes forment aussi une classe très nombreuse, et on leur donne cette origine à cause du travail et des types, analogues à ceux des médailles de ces provinces, qui ne sont pas incertaines.

152. On peut considérer comme un complément des médailles gauloises, les médailles de l'Espagne ancienne qui comprenait aussi le Portugal. On les distingue en deux classes, déterminées par la différence des alphabets de leur légende : 1° les médailles de l'Espagne orientale et septentrionale, où l'on reconnaît des lettres qui ont la plus grande analogie avec l'alphabet grec ancien, qui paraît avoir été commun d'abord à toutes les nations policées de l'Europe ; qui conserva dans cette partie de l'Espagne ses formes antiques ; enfin qui ne subit que des modifications locales, indépendantes de celles qu'il éprouva dans la Grèce et l'Italie successivement ; 2° les médailles de l'Espagne méridionale, dont les légendes sont formées de lettres très analogues aux alphabets punique et phénicien ; il paraît être venu de l'Afrique. Il est du reste assez difficile de recon-

naître parmi les médailles d'Espagne de ces deux classes, leur antériorité relative. Leur ensemble appartient aussi, comme les médailles gauloises, aux peuples, aux villes et à des chefs également inconnus dans l'histoire, à l'Espagne autonome et à l'Espagne soumise aux Carthaginois ou aux Romains. On trouvera aux planches III et IV, N° 7 la médaille de Durat; N° 8 une autre médaille gauloise d'un travail grossier; N° 9 celle de Cocestius, autre chef gaulois; N° 10 la médaille d'Emporiæ, l'Ampurias actuel d'Espagne; et comme termes de comparaison de l'art, N° 11 une médaille du vieux style grec; N° 12 la médaille étrusque de FELATPI (Velletri); et comme le modèle de toutes les perfections de l'art, la médaille de Syracuse N° 13.

§ V. ROMAINS.

153. La numismatique romaine comprend trois classes spéciales de médailles : 1° les *as* ou première monnaie de la république, tous en bronze et remarquables tant par leur ancienneté que par la variété des types; 2° les

médailles des *familles* romaines consulaires,
du temps de la république, en or, en argent et en bronze ; 3° les médailles *impériales*, ou des empereurs, des impératrices,
des césars et de ces souverains éphémères
nommés tyrans, depuis le grand Pompée
jusqu'au dernier des Paléolsgues, chassé de
Constantinople par les Turcs. Ainsi la numismatique romaine embrasse un espace de
dix-huit siècles, et c'est le période de temps
le plus fréquent en événemens mémorables
pour les sociétés modernes. Les médailles
de cette origine sont aussi les plus communes, celles qu'on découvre le plus ordinairement en Europe, et les plus abondantes
dans les cabinets des amateurs.

154. Les *as* sont de plusieurs sortes : le
decussis (marqué X), 4 pouces de diamètre,
le *quadrussis*, de forme carré-long, 6 pouces
sur 3 ; le *tripondius* (III), 2 pouces 5 lignes ;
le *dupondius* (II), 1 pouce 3 lignes ; enfin
l'*as* (I) proprement dit, du module du grand
bronze, qui fut ensuite subdivisé (voy. *suprà*
N° 124, page 221). Les as romains et leurs
subdivisions portent souvent des noms de familles ; il semble assez naturel de les classer

dans les monnaies même de ces familles. On comprend aussi parmi les as romains, les as appelés italiques et qui sont de véritables monnaies des villes de l'ancienne Italie, avec des légendes en étrusque ; c'est encore aux médailles de ces villes qu'il faut les rapporter. Enfin les as de la Rome primitive ne seraient aussi que des médailles de villes, comme ceux des autres cités de cette contrée, si la puissance de Rome n'en avait fait les premières monnaies d'un grand empire.

155. Les médailles des *familles* sont nombreuses et extrêmement variées ; tous les grands noms de l'histoire de la république romaine y sont rappelés , et l'on y trouve les premières monnaies d'argent frappées à Rome l'an 269 avant J.-C. On en connaît peu des trois métaux pour chaque famille , et telle d'entr'elles a ses pièces en or qui n'en a pas en argent ; le bronze est aussi de divers modules ; il y en a de frappé dans les colonies. Les médailles d'argent sont aussi des *deniers* ou des *quinaires ;* on connaît aussi quelques médaillons de ce dernier métal. Il y a des suites de la même *famille* dif-

ficiles à réunir, et telles sont les *légions* d'Antoine, ou série des médailles de ce triumvir, ayant d'un côté une galère avec la légende ANT. AVG. T. R. P. C. etc., de l'autre, un aigle entre deux enseignes, et pour inscription LEG. I., LEG. IV., et jusqu'à LEG. XXX. Les médailles des familles consulaires portent beaucoup de noms propres qui, n'étant pour la plupart que les surnoms des personnages, laissent quelque doute sur la famille à laquelle ils appartenaient ; ainsi les *Scipions* étaient de la famille *Cornelia*. Cette notion étant la plus utile dans l'étude des médailles consulaires, nous donnerons ici la nomenclature des noms, surnoms, etc., inscrits sur ces médailles, avec le nom de la famille romaine à laquelle ils se rapportent ; ceux-ci sont imprimés en *lettres italiques*.

Acisculus.	*Valeria.*	Aviola.	*Acilia.*
Agrippa.	*Luria.* / *Vipsania.*	Bala.	*Ælia.*
Abala.	*Servilia.*		*Acilia.*
Ahenobarbus.	*Domitia.*		*Antonia.*
Albinus.	*Postumia.*		*Alia.*
Antiaticus.	*Mænia.*	Balbus.	*Cælia.*
Aquinus.	*Cæcilia.*		*Cornelia.*
Asiagenes.	*Cornelia.*		*Mindia.*
Atratinus.	*Sempronia.*		*Nævia.* / *Thoria.*
Augurinus.	*Minutia.*	Barbatus Forte.	*Valeria.*

Nom	Gens
Bassus.	{ Betiliena. / Pomponia.
Bibulus.	Calpurnia.
Blandus.	Rubellia.
Blasio.	Cornelia.
Bolanus.	Vettia.
Brocchus.	Furia.
Brutus.	Junia.
Buca.	Æmilia.
Bursio.	Julia.
Cæcianus.	Cassia.
Cæpio.	Servilia.
Cæsar.	Julia.
Caldus.	Cælia.
Calenus.	Fufia.
Calvinus.	Domitia.
Capella.	Nævia.
Capito.	{ Fonteia. / Maria. / Oppia.
Capitolinus.	Petillia.
Carbo.	Papiria.
Casca.	Servilia.
Cato.	Porcia.
Catullus.	Valeria.
Celer.	Cassia.
Celsus.	Papia.
Censorinus.	Marcia.
Cerco.	Lutatia.
Cestianus	Plætoria.
Cethegus.	Cornelia.
Chilo, Cilo.	Flaminia.
Cicero.	Tullia.
Cinna.	Cornelia.
Cocles.	Horatia.
Corbulo.	Domitia.
Cordus.	Mucia.
Cornutus.	Cæcilia.
Cossus.	Cornelia.
Costa.	Pedania.
Cotta.	Aurelia.
Crassipes.	Furia.
Crassus.	{ Canidia. / Licinia.

Nom	Gens
Crispinus.	Quinctia.
Culleo.	Terentia.
Dolabella.	Cornelia.
Dossenus.	Rubria.
Fabatus.	Roscia.
Faustulus.	Pompeia.
Faustus.	Cornelia.
Felix.	Cornelia.
Firmus.	Pasidieni.
Flaccus.	{ Pomponia. / Rutilia. / Thoria. / Valeria.
Florus.	Aquillia.
Frugi.	Calpurnia.
Gab.	Memmia.
Galba.	Sulpicia.
Gallus.	{ Asinia. / Caninia. / Livineia. / Ogulnia.
Gem.	Aburia.
Geta.	Hosidia.
Glabrio.	Acilia.
Grac.	Antestia.
Graccus.	Sempronia.
Hemie.	Flabia.
Hispaniensis	Favia.
Hypsaeus.	Plautia.
Italicus.	Silia.
Judex.	Vettia.
Junianus.	Licinia.
Labeo.	Fabia.
Labienus.	Atia.
Lacon.	Attia.
Lacca.	Porcia.
Lamia.	Ælia.
Lariscolus.	Accoleia.
Lentulus.	Cornelia.
Lepidus.	Æmilia.
Libo.	{ Marcia. / Scribonia. / Junia. / Statilia.

Licinus.	*Porcia.*	Philippus.	*Marcia.*
Limetanus.	*Mamilia.*	Philus.	*Furia.*
Longinus.	*Cassia.*	Pictor.	*Fabia.*
Longus.	*Mussidia.*	Piso.	*Calpurnia,*
Lucanus.	*Terentia.*	Pitio.	*Sempronia.*
Lupercus.	*Gallia.*	Pius.	*{ Cæcilia — Pompeia.*
Lupus.	*Cornelia.*		
Macer.	*{ Claudia. — Licinia. — Sepullia.*	Plancus.	*{ Munatia. — Plautia.*
Magnus.	*Pompeia.*	Platorinus.	*Sulpicia.*
Malleolus.	*Poblicia.*	Pollio.	*{ Asinia. — Mindia.*
Marcellinus.	*Cornelia.*	Priscus.	*Tarquitia.*
Marcellus.	*Claudia.*	Proclus.	*{ Cominia. — Sulpicia.*
Maridianus.	*Cossutia.*	Pulcher.	*Claudia.*
Marsus.	*Vibia.*	Purpurro.	*Furia.*
Maximus.	*{ Egnatia. — Fabia.*	Quadratus.	*Ummidia.*
Mensor.	*Farsuleia.*	Quinctilianus.	*Nonnia.*
Messala.	*Valeria.*	Reginus.	*Antestia.*
Metellus.	*Cæcilia.*	Regulus.	*Livineia.*
Molo.	*Pomponia.*	Restio.	*Antia.*
Mucianus.	*Licinia.*	Rocus.	*Crepereia.*
Murcus.	*Statia.*		*Aurelia.*
Murena.	*Licinia.*		*Cadia.*
Musa.	*Pomponia.*		*Claudia.*
Naso.	*{ Antonia. — Axia.*		*Cordia.*
Natta.	*Pinaria.*		*Lucilia.*
			Mæcia.
			Mescinia.
Nerva.	*{ Cocceia. — Licinia. — Silia.*	Rufus.	*{ Minucia.*
			Pacuvia.
Nerulinus.	*Suillia.*		*Plotia.*
Niger.	*Vettia.*		*Pompeia.*
Nonianus.	*Considia.*		*Pomponia.*
Otho.	*Salvia.*		*Pupia.*
			Sulpicia.
Paetus.	*{ Ælia. — Cæsannia. — Considia.*	Rullus.	*Servilia.*
		Rus.	*Aufidia.*
Palicanus.	*Lollia.*		*Minatia.*
Pansa.	*{ Neratia. — Vibia.*	Sabinus.	*{ Tituria. — Vettia.*
Paternus.	*Fabricia.*	Sabula.	*Cossutia.*
Paullus.	*Æmilia.*	Salinator.	*Oppia.*

Saramus.	*Atilia*	Sulpicianus.	*Quinctia.*
Saserna.	*Hostilia.*	Surdinus.	*Nævia.*
Saturninus.	*Sentia.* *Volusia.*	Tampilus.	*Bæbia.*
		Taurus.	*Statilia.*
Scarpus.	*Pinaria.*	Thermus.	*Minucia.*
Scaurus.	*Æmilia.* *Aurelia.*	Torquatus.	*Manlia.*
		Trigeminus.	*Curiatia.*
Scipio.	*Cornelia.*	Trio.	*Lucretia.* *Aburia.*
Secundus.	*Arria.*		
Sejanus.	*Ælia.*	Trogus.	*Maria*
Ser.	*Manlia.*	Tubulus.	*Hostilia.*
Silanus	*Cæcilia.* *Junia.*	Tullus.	*Mæcilia*
		Turdus.	*Papiria.*
Silianus.	*Licinia.*	Turpilianus	*Petronia.*
Silus.	*Sergia.*	Vaala.	*Numonia*
Sisenna.	*Cornelia.*	Varro.	*Terentia.*
Spinther.	*Cornelia.*		*Plancia.*
Stolo.	*Licinia.*	Varus.	*Quinctilia.* *Vibia.*
Strabo.	*Volteia.*		
Sufenas.	*Nonia,*	Vetus.	*Antistia.*
Sulla.	*Cornelia.*	Vitulus.	*Voconia.*

156. Les médailles *impériales* comprennent celles du grand Pompée, qui en sont les premières ; ce grand homme porta en effet le titre d'*imperator*. Après lui et avant Auguste, qui jouit en effet le premier, et sans division, de la suprême puissance, on place les médailles de Jules-César, de Pompée le fils, de Sextus Pompée, de Marcus Brutus, de Cassius, de Lépide, de Marc-Antoine et de son fils, enfin de Cléopâtre, reine d'Égypte, de Caius et de Lucius Antoine. Mais ces personnnages, César excepté, n'ayant exercé aucune autorité légale, leurs médailles se-

raient aussi bien placées parmi celles des familles romaines. Avec Auguste commence la véritable suite des impériales. On les divise en : médaillons d'or, médailles d'or, médaillons d'argent, médailles d'argent, quinaires d'or et d'argent, médaillons de bronze, médaillons *contorniates*, grand, moyen, petit bronze, et spintriennes.

Il est bien difficile de réunir dans ce Résumé tout ce qui peut donner une connaissance approfondie de cette partie de la numismatique ; il faudra nous borner à quelques notions fondamentales.

1° Le degré de *rareté* de chacune a été apprécié par les travaux réunis des archéologues, et on en trouve les résultats dans le volume in 8°, publié en 1815 par M. Mionnet, sous ce titre : *De la rareté et du prix des médailles romaines*. Cette rareté provient du petit nombre de pièces semblables connues jusqu'à présent, et on nomme *uniques*, celles dont il n'existe qu'un seul exemplaire bien authentique. On ne doit pas pour cela rejeter les médailles qui n'ont pas un certain degré de rareté ; toutes sont utiles à l'histoire et méritent pour cela même d'être recueillies. Les médailles qui ont une tête sur chaque face ont plus de prix que celles qui n'en portent que sur une seule ; les médailles des impératrices, à l'exception de celles de la famille des Antonins, sont moins communes que celles des empereurs ; enfin une médaille commune, mais *à fleur de coin*, offre un mérite particulier qui doit la faire rechercher.

2° Les trois *métaux* sont dans des proportions variables presque à chaque règne : les empereurs ayant le droit de faire frapper les monnaies d'or et d'argent, ils commençaient ordinairement par là à manifester leur autorité. La monnaie de bronze était frappée par l'autorité du sénat, indiquée sur ces pièces par ces lettres S. C. (*senatûs-consulto*). C'est ce qui fait supposer qu'on ne trouvera point de médailles *latines* d'Othon en bronze, son autorité n'ayant point été reconnue par le sénat ; mais il en existe, de ce même prince, de latines en or et en argent, et de grecques en bronze, frappées dans l'Orient, où il fut proclamé empereur.

3° Le *titre* de l'argent, pour les médailles de ce métal, est un indice très utile pour reconnaître leur authenticité. L'argent pur fut employé pour les monnaies du temps de la république et sous les empereurs jusqu'à Septime-Sévère ; durant le règne de ce dernier le titre fut altéré, et cette altération s'accrut de plus en plus sous ses successeurs. Depuis Gallien jusqu'à Quietus, les médailles ne sont que de billon ; depuis Claude le Gothique jusqu'à l'avènement de Dioclétien, ce n'est plus que du bronze *saussé*, et à vrai dire recouvert d'une feuille d'étain ; mais l'argent pur reparaît sous Dioclétien jusqu'à la fin de l'empire, excepté pour Romulus, qui employa encore du bronze saussé.

4° On divise les médailles des empereurs en médailles du *haut* et du *bas* empire ; la seconde classe commence avec celles de Constantin-le-Grand.

5° Les légendes et inscriptions des médailles abondent en *abréviations*, et leur exacte interprétation est une des connaissance les plus utiles à l'archéologue. On distingue : 1° *la légende de la face*, celle qui entoure la tête, et qui contient ordinairement les noms, titres et surnoms de l'empereur auquel la médaille appartient; 2° *la légende du revers*, qui est quelquefois la suite de celle de la face, et plus souvent relative au type même de ce revers ; 3° l'*inscription* qui fait partie de ce *type* même ; 4° l'*inscription* qui est à l'*exergue* ; 5° les *contremarques*, s'il y en a dans le champ de la médaille, et ce sont des lettres ou signes isolés qui n'appartiennent ni aux légendes ni aux inscriptions. Voici des exemples de ces diverses circonstances.

a. Médailles dont la légende de la face et du revers forment une seule phrase : *face*, IMP. CAES. T. AEL. HADR. ANTONINUS. AVG. PIVS. P.P. *revers*, TR. POT. IIII. COS. II. — Imperator Cæsar Titus Ælius Hadrianus Antoninus Augustus, Pius, Pater Patriæ, Tribuniciâ potestate quartùm consul secundùm (médaillon d'Antonin). Souvent après le mot PIVS, les légendes portent P. M. *pontifex maximus*.

b. Médailles dont la légende du revers se rapporte à son type même : *face*, IMP. CAES. DOMIT. AVG. GERM. COS. XIV. CENS. PEP. P. P.; *revers*, IOVI. VICTORI. — Imperator Cæsar Domitianus Augustus Germanicus (surnom relatif aux victoires de l'empereur sur les Germains), consul decimùm quartùm, Censor perpetuus, Pater Patriæ. — Jovi Victori ; la figure de Jupiter pour type (médaillon de Domitien).

c. Inscription pour type du revers : S. P. Q. R. OB. CIVES. SERVATOS. (senatus populusque romanus, ob cives servatos), mots insérés dans une couronne de chêne (médaillon d'Agrippine la mère).

d. Inscriptions à l'exergue : elles sont de deux sortes ; quelquefois c'est la légende même relative au type qui n'a pas permis de la placer autour du sujet, comme les mots ADVENTUS AUG. sur le revers d'un médaillon de Marc-Aurèle, revers dont le sujet est l'arrivée de l'empereur après une expédition militaire, dont les figures et les *fabriques* occupent tout le champ de la médaille. Plus souvent l'inscription de l'exergue ne se rapporte point au type ; ainsi un médaillon de Julien porte au revers un taureau, deux étoiles sur sa tête, pour légende SECVRITAS REIPVBL (securitas reipublicæ), et à l'exergue AQVILP, qui ne se lie pas avec les deux mots de la légende. L'interprétation des mots ou lettres des exergues a offert jusqu'ici beaucoup de difficultés aux archéologues.

e. Les contremarques sont une empreinte indépendante des types même de la médaille; ce sont des signes *incus*, imprimés après coup avec un poinçon, sans choix de la place et qui gâtent souvent la médaille. On croit que les pièces ainsi contremarquées servaient comme de billets d'entrée aux spectacles; mais les opinions des savans sont fort partagées sur ce sujet.

157. On appelle *restituées* les médailles romaines dont le sujet se rapporte à une époque antérieure au règne de l'empereur qui l'a fait frapper. Cette restitution est indiquée dans la légende par le mot RESTITUIT, en entier ou en abrégé. Ces médailles sont rares en général. Titus en *restitua* pour toutes les personnes de la famille d'Auguste; Domitien pour quelques-unes d'entr'elles; Nerva pour Auguste; Trajan pour tous les princes ses prédécesseurs, et pour un grand nombre de familles consulaires; enfin Marc-Aurèle et Lucius Verus ont fait restituer un denier de Marc-Antoine. Cet usage cessa avec le règne de Marc-Aurèle et de L. Verus. Il paraît que la vanité des familles impériales, ou le désir de plaire au peuple,

entra pour beaucoup dans cet usage, à moins que ce ne fût qu'une simple rénovation d'anciennes monnaies qui devenaient rares dans la circulation. Enfin, les médailles où le nom de l'empereur est précédé du mot DIVVS sont relatives à leur mort et à leur apothéose, le revers est un bûcher, avec la légende CONSECRATIO.

158. L'étude des descriptions et des catalogues des cabinets célèbres, est indispensable pour se familiariser avec l'infinie variété des types, les portraits des personnages et le grand nombre de légendes différentes qu'on observe sur les médailles. On s'y habitue aussi à la lecture des abréviations qui y abondent ; enfin au style et aux mots consacrés pour la description des figures, emblêmes, insignes et signes nombreux qui entrent dans la composition des médailles. Ce travail qui, dans peu de temps, conduit à des connaissances positives, est moins difficile que l'exercice des yeux, qui donne seul l'habitude de discerner avec quelque certitude les médailles fausses d'avec les médailles authentiques. Nous avons déjà traité cette matière importante au n° 128 ci-dessus, page 228.

159. Quant *au prix des médailles en général*, on peut consulter avec confiance le grand ouvrage de M. Mionnet (Description des médailles antiques grecques et romaines) que j'ai déjà cité. Les évaluations qu'on y trouve ont souffert des objections, car il a dû arriver, et que les acquéreurs ont trouvé ces évaluations trop élevées, et les vendeurs au contraire qu'elles ne l'étaient pas assez. Mais on peut s'en rapporter aux soins qu'a pris M. Mionnet de comparer les prix actuels des médailles dans les ventes, avec les notes recueillies déjà anciennement par Vaillant et par d'autres, avec les prix indiqués par Beauvais, qui n'avait trop considéré que les têtes impériales romaines sans s'occuper des revers, et avec l'effet produit sur ces anciennes évaluations par des découvertes postérieures qui ont pu multiplier aujourd'hui une médaille très rare autrefois. Les évaluations de M. Mionnet supposent chaque pièce à fleur de coin ; ces évaluations doivent donc être abaissées si la médaille n'est pas de la plus parfaite conservation. L'ouvrage que nous citons offre encore un autre avantage par l'esprit d'équité qui a présidé

constamment à ces évaluations proportion-
nelles, c'est pour les échanges, les médailles
pouvant être réduites de part et d'autre à
des valeurs fixes en francs, déduites des
mêmes principes et des mêmes considéra-
tions.

160. On nous permettra de terminer cette
section par un conseil adressé à tous les
hommes instruits qui ont l'occasion de recueillir des médailles : il est d'une utilité
quelquefois très grande pour l'histoire, de
constater précisément le lieu où des médailles, même très communes, ont été trouvées.
Si les médailles sont en nombre, elles certi-
fient qu'il y eut sur le lieu même, ou dans le
voisinage, une station, un camp, un bourg,
ville ou village à l'époque même désignée
par le type des médailles, et l'on en déduit
quelquefois des renseignemens sur la direction des voies anciennes, sur la nature et
l'origine des constructions en ruines qui se
voient dans le pays. On ne peut donc qu'ap-
plaudir à la détermination prise dans quelques départemens par l'autorité publique et
par des amateurs, de réunir en un *médailler
départemental*, un exemplaire de chacune des

pièces découvertes dans la contrée, avec l'indication précise, au catalogue, de la localité et de l'époque où elles ont été trouvées. Ces médailles proviennent souvent de peuples différens, et elles sont ainsi autant de pièces justificatives pour l'histoire ancienne du pays.

Septième Division.

APPENDICES.

N° I. MEUBLES, ARMES ET USTENSILES.

On peut remarquer comme une grande singularité, que le peuple le plus ancien, parmi ceux dont les monumens sont le sujet de ce Résumé, est aussi celui de qui il nous reste le plus grand nombre d'objets employés dans les usages civils, religieux et domestiques. On a en effet recueilli en Égypte une variété infinie d'antiques de ce genre : pour tous ces objets, une liste suffira pour en donner une idée très approximative.

ÉGYPTIENS. — *Armes :* — *poignards* en bronze avec le manche plus ou moins orné ; *arcs* en bois très dur, de cinq pieds et plus de long et ayant encore leur corde en boyau ; *flèches* en bois, de longueurs diverses ; *sabres* recourbés, en bronze ; *haches d'armes* en bois, etc.

Ustensiles religieux : — *encensoirs* en bronze, *patères, barques sacrées,* etc.

Costumes : — *tuniques* en lin ou en coton; *écharpes* à franges; *chaussures* en cuir, maroquin de couleur, *feuilles de palmier tressées ,* etc., un *soulier* pour le pied droit et un autre pour le pied gauche, et quelques-uns avec une prolongation considérable, comme les souliers *à la poulaine* du moyen âge; *sandales* se rattachant sur le coude-pied ; *bracelets* en métaux, en émaux, ivoire, etc.; *colliers* en or, en argent, ivoire, pierres dures, pierres fines , émaux, etc. ; *boucles d'oreilles* en or, argent, bronze et émaux, etc.; *bagues* en or, argent, bronze, ivoire, émaux, pierres fines , les bagues en or portant en chaton un scarabée tournant; *perruques* sur filet, très volumineuses, frisées, tressées, etc. ; *tresses de cheveux* nattées de façons variées; *épingles* en ivoire et en métal ; *cosmétiques* et *collyres* dans leurs vases; *tabliers* en réseaux d'émail ; *manuscrits* sur papyrus et sur toile; *lettres cachetées ; ustensiles domestiques; palettes de peintre* avec les pinceaux et les couleurs ; *palettes d'écrivain* avec les calams et les deux couleurs noire et rouge; *canif* en bronze , *écritoire ,*

règle, *équerre*, *plomb d'architecte*, *poids en basalte*, *couteaux*, *ciseaux*, *instrumens de chirurgie*, *corde*, *bêche*, *charrue*, *pioche*, *hoyau*, *caisse
de tambour*, *tambour de basque*, *harpe* avec
caisse sonore et *cordes* en boyau ; *vases* de
toutes formes et de toutes matières , *miroirs*
en bronze ; *chaise* en bois , *fauteuil* en bois
incrusté en ivoire et en ébène, *tabourets à
jour*, *outils et ustensiles* de divers métiers ; *pei-
gnes*, *cuillers* , *cannes* , *boîtes*, *caisses* et *coffrets*
historiés ou peints; *sistre*, instrument de mu-
sique, etc. Comme remarque générale, nous
ajouterons qu'on n'a jusqu'ici rien trouvé
d'égyptien en *marbre*.

GRECS. *Armes : poignards* , *épées* , *casques*,
boucliers, portions de *cuirasse*, *knémides*, *haches*, etc.

Ustensiles religieux en bronze : *patères* et
vases de toutes sortes pour les sacrifices.

Ustensiles domestiques : vases de différents
genres destinés à cet usage , en matières variées, terre, pierres et bronze, *cuilliers*; ornemens de l'habillement et de la coiffure : *boutons* et *agraffes* , *lampes*, *bagues* , *bracelets* et
colliers ; *poids* en bronze et en pierre ; *roues*
et fragmens de char.

19

Étrusques. Les monumens étrusques de cet ordre sont très rares, ou plutôt il est difficile de les discerner parmi les morceaux grecs ou romains de cette espèce. Parmi les ustensiles religieux on connait surtout beaucoup de *patères* en bronze, dont la surface est occupée par un sujet mythologique ou héroïque tracé au simple trait. L'inscription est étrusque, et s'il n'y en a point, le style seul permet de leur attribuer cette origine avec quelque certitude.

Gaulois. Il reste peu de petits monumens portatifs de ce peuple célèbre. Les fouilles faites au-dessous des pierres levées, n'ont produit que : 1° quelques *vases* d'argile noire ou peints en noir, sur la panse desquels se voient quelques traits grossièrement tracés avec une pointe ; 2° des débris de *collier* en oves d'argile cuite, recouverts d'un émail bleu ou vert, et striés, ou bien en petits disques de même matière ; 3° des *armures*, des *flèches* en silex, des *couteaux* ou *poignards* aussi en silex, des *haches d'armes* en pierre, des *morceaux de cristal de roche* : enfin, des *poignards* en bronze, qui peuvent dater de l'époque romaine.

ROMAINS. *Armes: poignards*, *glaives*, *épées*, masses et *haches d'armes*, *piques*, *casques*, *portions de cuirasse*, *boucliers*, *armures d'arcs*, *doigtier.*

Ustensiles religieux: *patères*, *vases de sacrifices*, *préfiricules* pour l'encens, *couteaux sacrés*, etc.

Costumes : *boutons* ornés, *agraffes*, *chaînes de parure*, *colliers* et *bracelets* en divers métaux, *fragmens d'habillement*, *bagues* en or, argent ou bronze.

Ustensiles domestiques : *clés*, *couteaux* de diverse grandeur, *vases* de toutes sortes et de toutes matières, *haches* en bronze et en fer, *outils* de divers métiers ; *fioles* et *bouteilles* en verre pour les liqueurs, les onguens et les huiles de toilette, *baignoires*, *urnes cinéraires* en verre, *meubles divers*, *vases vinaires* ou *amphores*, dont la partie inférieure se termine en cône ; *cachets* en bronze, où l'inscription est à contre-sens, d'où l'on pouvait arriver à l'imprimerie en rendant les types mobiles ; *instrumens de chirurgie*, *lampes* en bronze et en terre, *dés* en ivoire et en bronze, *poids*, *mesures*, *balances et romaines*, *joujoux d'enfans*, etc., etc.

N° II. POTERIE DES ANCIENS.

L'origine de l'art du potier remonte à l'origine même des sociétés : l'argile, matière facile à travailler, se trouvait partout ; séchée d'abord au soleil, et ensuite au feu, elle prenait la consistance nécessaire pour les vases qui en étaient composés. Successivement les formes, très simples d'abord et imitant des objets naturels, se perfectionnèrent quand le goût se fut associé à l'industrie humaine, et les artistes s'appliquèrent alors à inventer ce qu'on appelle la *galbe* ou *profil*, qui comprend les bonnes proportions et la grâce de l'ensemble. Les *Égyptiens* ont trouvé les premiers de beaux modèles ; les *Étrusques* les connurent aussi, mais l'art des *Grecs* les surpassa tous.

Ces formes furent extrêmement variées et toujours très bien appropriées à la destination même des vases qui servirent à tous les usages, comme dans les temps modernes. On en trouve en argile très commune, et d'autres en argile qui est devenue très fine et très tenace, par suite de diverses préparations et de mélanges d'autres substances solides. Les vases se faisaient au tour, comme dans nos poteries, et on les poussait aussi au moule quand leur panse était ornée de figures en relief. C'est à M. Artaud, dont j'ai eu souvent à mentionner dans cet ouvrage le zèle et les lumières, qu'on doit les observations les plus intéressantes sur cette partie de la *céramie* des anciens. Il a recueilli des moules antiques, a étudié, expérimenté tous les procédés des anciens dans cet art, et il est parvenu à fabriquer dans ces mêmes moules, des vases dont l'aspect ne laisse rien à désirer, et il a constaté que par la dessication, l'argile se resserrant, le vase à bas-relief sortait tout entier du moule, la hauteur du relief étant en rapport avec la quantité du retrait causé par cette dessication. Il paraît aussi, d'après les recherches du même antiquaire, que la confection des moules avait été ramenée à une opération fort simple, et qui consistait à y imprimer en creux, au moyen de patrons en métal, les figures qui devaient sortir en relief sur le vase ; on l'enduisait ensuite d'une couverte colorante qui

ajoutait quelqu'éclat à l'ouvrage , quand sur-
tout il était soigné sous tous les rapports ;
mais les vases de poterie commune n'offrent
les traces d'aucun enduit ou vernis extérieur.
On les cuisait dans des fours , dont la construction variait selon les lieux ou l'habileté de
celui qui était chargé d'y dispenser la chaleur.
Beaucoup de vases antiques, entre ceux qu'on
trouve dans les Gaules, portent le nom du
potier ou du manufacturier qui les fournis-
sait au public ; ces noms méritent d'être recueillis, ils indiquent quelquefois des manu-
factures impériales.

La diversité des usages auxquels on employa les vases d'argile a singulièrement multiplié leurs formes et leur grandeur ; il est
tout naturel que les plus grands , les plus
beaux , les plus fins , les mieux ornés soient
les plus recherchés des curieux ; mais leur
prix, en général, n'est pas très élevé. Les conditions qui viennent d'être énumérées, et le
plus ou moins d'empressement des amateurs,
servent à régler ce prix. Il n'est pas question
ici de *vases peints* , dont il a été spécialement
traité dans le premier volume (3ᵉ div. p.179).

Quant aux *vases en verre* , ils furent également en usage chez les anciens ; l'Égypte travailla de toute antiquité cette matière ; il nous est parvenu beaucoup d'objets de ce genre, des Romains, des *urnes cinéraires* avec leur couvercle, des vases de diverses formes et grandeur ; les plus communs sont les *fioles*, qui renfermaient les onguens, les huiles et les baumes odoriférans, qu'on a pris mal à propos pour des *lacrymatoires*. Cette opinion, trop accréditée, a été victorieusement renversée par des découvertes récentes de M. Mongez ; rien ne permet de donner à ces vases à long col le nom de lacrymatoires, et un bas-relief de Clermont-Ferrand, qui semblait accréditer cette méprise, a été reconnu pour faux. On ne doit donc plus donner à ces vases d'autre nom que celui de fioles à huiles, à parfums, etc.

Nº III. ANTIQUITÉS ASIATIQUES.

Ce sujet étant très compliqué, par la diversité des origines de ces monumens, et leur exploration étant encore fort incomplète, nous nous bornerons à des généralités fort courtes.

CHINOIS. On connaît des productions des arts de la Chine, que l'on considère comme remontant aux anciennes époques de l'histoire de cette contrée. Ces productions sont distinguées des autres par l'emploi des anciens caractères de l'écriture chinoise, et cette indication est assez certaine. Il existe à la bibliothèque du roi un ouvrage chinois en plusieurs volumes et orné de planches, qui est la description du cabinet des antiquités d'un empereur chinois; on y remarque des objets originaires d'Europe, et qui, sans être très anciens, sont dans cette collection comme curiosités; telles sont deux estampes de maîtres italiens du XVIe siècle.

INDOUS. L'analogie qui existe entre les monumens, et entre les doctrines religieuses de l'Inde, de toutes les époques, ne permet pas de discerner avec certitude l'antiquité relative de ses monumens. On connaît des pierres gravées indiennes sur lapis ou émeraude avec des inscriptions sanskrites, et les fameuses grottes d'Eléphanta et de Salcette, qu'on croit très anciennes. l'Inde antique étant en ce moment le sujet de beaucoup de recherches, on peut espérer que le zèle et les lumières de nos savans nous permettront un jour d'en savoir davantage.

JAVANAIS. On connaît, comme monumens d'origine javanaise, plusieurs statues, quelques-unes de dimensions colossales, et en lave; deux de ces statues, d'un travail très soigné, représentent le dieu Bouddha, mais on ne peut en fixer l'antiquité avec certitude. Elles ont été transportées en France par feu Leschenault de la Tour.

PHÉNICIENS. On ne connaît pas de monumens d'origine phénicienne pure; si ce n'est les inscriptions qui se voient dans l'île de Chypre, et particulièrement près de Larnaca. On considère cependant comme telles quelques statues transportées des côtes de Barbarie à Londres. Mais ce peuple navigateur se mêla à tant d'autres, qu'on reconnaît facilement l'influence de ceux-ci sur les monumens que caractérisent des inscriptions phéniciennes. Le bas-relief de Carpentras est égypto-phénicien; d'autres monumens sont græco-phéniciens; et quant à leurs médailles, c'est-à-dire celles qui portent des légendes phéniciennes, on ignore si les artistes puniques, grecs ou romains ne concoururent pas à leur fabrication. Les inscriptions phéniciennes publiées sont toutes religieuses ou funéraires. On a trouvé récemment trois fragmens de manuscrits phéniciens sur papyrus; ils sont au Musée de Turin, à la Propagande et au Vatican à Rome. Les pierres gravées, phéniciennes par leurs inscriptions, sont de formes grecques ou romaines, quelques-unes annoncent aussi l'imitation de l'art égyptien. A Palmyre tout annonce l'art græco-romain.

ASSYRIENS. BABYLONIENS, etc. Les ruines, de Ninive, de Babylone, etc., sont très considérables; mais l'art y manque d'élégance et de belles formes, comme on le voit par le caillou sculpté du cabinet du roi; par les trois bas-reliefs tirés de Tchehelminar et transportés au Musée britannique, et par les dessins qu'ont publiés divers voyageurs; les inscriptions sont en caractères cunéiformes. Les autres monumens sont des cylindres, des briques, ou des pierres gravées, et quelques figurines. Les personnages ont toujours des formes grèles et alongées, et les inscriptions cunéiformes paraissent appartenir à un alphabet très compliqué et qui servait à plusieurs idiomes ou dialectes à la fois. Les savans poursuivent leurs recherches sur ce sujet important avec une constance digne d'éloge. Jusqu'ici MM. Grotefend et St-Martin , sont ceux qui ont publié quelques résultats positifs sur cet alphabet; et quoique ces deux érudits ne s'accordent pas sur la valeur et la forme de tous les signes qu'ils ont essayé de déchiffrer , il en est cependant quelques-uns de bien connus, comme l'a prouvé l'inscription en hiéroglyphes égyptiens et en caractères cunéiformes d'un vase de la bibliothèque du roi. L'alphabet des hiéroglyphes a donc concouru à procurer quelques certitudes sur l'alphabet cunéiforme , connu aussi sous le nom de persipolitain. La marche méthodique de l'érudition française permet d'espérer plus de résultats positifs sur les antiquités asiatiques en général , et plus de données classiques applicables à la connaissance approfondie de cette contrée primitive par les monumens.

Nous prions nos lecteurs , en jugeant notre travail, de vouloir bien se souvenir du but que nous nous sommes proposé et des li-

mites que nous impose la nature de cet ouvrage. Nous nous sommes efforcés de rendre
plus vulgaires les leçons répandues dans les
écrits des maîtres de la science, et nous se-
rions heureux qu'on pût dire de ce premier
essai élémentaire : *indocti discunt* et *amant
meminisse periti.*

BIOGRAPHIE

ARINGHI (Paul), né à Rome, où il est mort en 1676, a rendu un grand service à l'étude des antiquités chrétiennes, par la nouvelle édition qu'il a donnée de la *Roma sotterranea del Bosio*. Rome 1651, 2 volumes in-fol.

BARTHÉLEMY (Jean-Jacques), né à Cassis près Aubagne, le 29 janvier 1716. Mort à Paris le 30 avril 1795. — Le célèbre auteur du *Voyage d'Anacharsis* a inséré dans les Mémoires de l'Académie des inscriptions, une foule de dissertations d'antiquités, telles que l'*Essai de palæographie numismatique*, l'*Alphabet phénicien*, l'*Explication du marbre Choiseul*, inscription grecque relative aux finances des Athéniens, etc.

BAUDELOT DE DAIRVAL (Charles-César), né à Paris le 29 novembre 1648, mort le 27 juin 1762. Son livre intitulé de *l'Utilité des voyages*, 1686, 2 volumes in-12, traite de toutes les parties de l'archéologie, et peut être étudié avec fruit, quoique la science ait fait depuis de notables progrès.

BOLDETTI (Sigismond), né à Rome le 19 novembre 1663, mourut dans la même ville le

4 décembre 1749. Ses *Observations sur les ci-metières des saints martyrs*, sont un livre classique sur les antiquités chrétiennes.

CAYLUS (Le comte de), né à Paris le 31 octobre 1692, mort dans la même ville le 5 septembre 1765. Son *Recueil d'antiquités* et ses *Recherches sur diverses parties des arts des anciens*, sont bons à consulter, le comte de Caylus ayant joint la connaissance et la pratique des arts à un peu d'érudition.

CHISHULL (Edmond), né à Lyworth, comté de Bedford, vers 1680, et mort le 18 mai 1733. Ses *Antiquitates asiaticæ*, recueil d'inscriptions grecques ou latines antérieures à l'ère chrétienne, sont consultées avec fruit par les savans, les notes dont il les a accompagnées étant le fruit d'une critique savante et méthodique.

CIAMPINI (Jean-Julien), né à Rome le 13 août 1633, mort le 12 juillet 1678. Outre plusieurs bons ouvrages sur les antiquités ecclésiastiques, il a laissé un très bon *Traité sur les mosaïques.*

DEMPSTER (Thomas), Écossais, né en 1577, voyagea et professa en France, et se fixa en Italie, où il rédigea son *Etruria regalis*, qui fut publiée après sa mort à Florence, en 1723, 2 volumes in-folio; ouvrage classique pour les antiquités et l'histoire ancienne de la Toscane.

ECKHEL (Joseph-Hilaire), né le 13 janvier 1737, à Enzesfeld, dans l'Autriche supérieure, mort le 16 mai 1798. Il est le patriarche de la numismatique, et outre ses autres travaux sur cette science, sa *Doctrina numorum veterum*, Vienne 1792-1798, 8 volumes in-8°, est le véritable livre classique sur cette matière.

FLOREZ (Henri), né à Valladolid le 14 février 1701, mort à Madrid le 20 août 1773. Ses deux ouvrages, *España carpentana*, et *Medallas de las colonias, municipios y pueblos antiguos de España*, Madrid 1757 et 1758, 2 volumes in-4°, sont des traités fondamentaux sur les antiquités espagnoles.

GORI (Jean-Antoine), né à Florence le 9 décembre 1691, mort le 20 janvier 1757. Il fut un des plus célèbres érudits du dernier siècle; son *Recueil d'inscriptions de l'Étrurie*, 1726 et 1744, 3 volumes in-folio, son *Musée de Florence*, 1731 et 1743, 6 volumes in-folio, ses *Pierres gravées astrifères*, 1750, etc., lui font le plus grand honneur, et n'ont pas cessé d'obtenir l'estime et le suffrage des savans.

GRÆVIUS (Jean-George Græfe), né en Saxe, le 29 janvier 1632, mort le 11 janvier 1703. Son *Trésor des antiquités romaines*, 12 volumes in-fol., et le *Recueil des antiquités italiennes*, 45 volumes in-fol., sont de vastes magasins de faits et de doctrines conformes aux vrais préceptes de la critique et de l'érudition.

GRONOVIUS (Jacques), né à Deventer le 20 octobre 1647, mort à Leyde le 31 octobre 1716, fils d'un père qui fut comme lui un savant philologue, et eut un fils qui continua l'illustration de son nom dans la même carrière. Il a publié le *Thésaurus antiquitatum græcarum*, Leyde 1697 et 1699, 13 vol. in-f°, recueil de savantes dissertations, composées par les érudits du temps, sur toutes les parties de la science, et réimprimées dans un ordre assez méthodique.

GRUTER (Jean Gruytère), né à Anvers le 3 décembre 1560, mort dans l'exil et la persécution le 20 septembre 1627. Parmi ses nombreux ouvrages on remarque surtout son *Corpus inscriptionum*, dont Grævins a donné une nouvelle édition en 1707, 4 vol. in-fol.

JOBERT (Louis), né à Paris le 17 avril 1637, a laissé un beau traité de numismatique intitulé, *La Science des médailles*, Paris 1739, 2 volumes in-12, édition revue et augmentée par Bimard de Labastide.

KIRCHMANN (Jean), né à Lubeck le 18 janvier 1575, où il mourut le 20 mars 1643. Ses deux meilleurs ouvrages sont ses traités *De Funeribus Romanorum*, et *De Annulis*.

LANZI (Louis), né à Treia, dans la Marche d'Ancône, le 24 juin 1732, mort le 31 mars 1810. — Son ouvrage, intitulé *Saggio di lingua etrusca*, Rome 1787, 3 vol. in-8°; et 2e édit., Florence, 1824, 3 vol. in-8°, est un ouvrage classique où se trouvent réunis à la fois les élémens des études sur l'archéologie étrusque, et leurs plus savantes applications aux monumens. Quelques savans reprochent à Lanzi de donner trop d'influence à la langue grecque sur les anciens idiomes des monumens de la Toscane.

MABILLON (D.-Jean), né à Saint-Pirnemont près de Reims, le 23 novembre 1632, mort à Paris le 27 décembre 1707. Il fut un des plus savans hommes de la congrégation de Saint-Maur. Son traité *De Re diplomaticâ*, Paris 1681, in-f°, avec le *Supp.* de 1702, est encore, malgré les critiques du P. Germon, l'un des meilleurs ouvrages sur la science des chartes anciennes.

MAFFEI (Le marquis François-Scipion), né à Vérone le 1er juin 1675, mort en 1755. Cet écrivain fecond a publié plusieurs traités relatifs à l'archéologie. Sa *Verona illustrata*, 1731-1732, in-f°, ses *Origines etruscæ et latinæ*, Leipsick 1731, in-4°, les *Græcorum siglæ lapidariæ*, Vérone, 1746 in-8°, enfin son *Museum veronense* 1749, in-f°, sont très bons à consulter.

MARTIN (D.-Jacques), né à Fanjaux le 11 mai 1684, mourut à Paris le 5 septem. 1751. Il a fait beaucoup de recherches sur les antiquités gauloises ; *La Religion des Gaulois*, Paris 1727, 2 vol. in-4°, *Explication de plusieurs passages difficiles de l'Écriture sainte*, Paris 1732, 2 vol. in-4°, qui sert de supplément au précédent ouvrage ; *Éclaircissemens sur les origines celtiques*, Paris 1744, in-4° ; *Histoire des Gaules*, Paris 1752-1754, 2 vol. in-4°, etc., renferment beaucoup de planches, sont recherchés à cause de ces figures de monumens; mais on se défie un peu de l'érudition systématique de l'auteur.

MILLIN (Aubin-Louis), né à Paris le 16 juillet 1759, mort dans la même ville le 14 août 1818. Il consacra sa vie aux sciences et aux lettres, écrivit sur l'histoire naturelle, les langues, et se voua enfin tout entier à l'archéologie. Le cours public qu'il a fait sur cette science a été très utile aux savans et aux artistes. Il était très heureux dans l'interprétation des sujets mythologiques représentés sur les vases et les bas-reliefs. Il a écrit sur presque toutes les parties de la science; ses *Monumens inédits*, ses *Tombeaux de Canosa*, ses *Antiquités nationales* ou monumens français du moyen âge, sa *Galerie mythologique* et ses *Introductions* à l'étude des monumens, des pierres gravées, des médailles et des vases peints, seront toujours étudiés avec fruit par les archéologues.

MONTFAUCON (D.-Bernard de), né à Soulage en Languedoc le 17 janvier 1655, mourut à Paris en 1741. Son *Antiquité expliquée*, le *Monument de la monarchie française*, et sa *Palæographia græca*, sont dans toutes les bibliothèques.

MORCELLI (Étienne-Antoine), né à Chiari en 1737, mourut dans la même ville le 1er janvier 1821. Son traité *De Stilo inscriptionum* est le meilleur ouvrage élémentaire sur cette matière.

MORELL (André), né à Berne le 9 juin 1646, mort en Allemagne le 11 avril 1703. Son *Thesaurus Morellianus*, publié après sa mort par Pavercamp, 1734, 2 vol. in-f°, est le meilleur ouvrage sur les médailles des familles romaines.

MURATORI (Louis-Antoine), né à Vignola le 21 octobre 1672, mort le 28 janvier 1750. Il donna à Milan, 1739–1742, un *Novus thesaurus inscriptionum*, 6 vol. in-fol. Ses *Antiquitates Italiæ*, contiennent aussi de savans traités sur diverses parties des antiquités du moyen âge.

RASCHE (Jean-Christophe), né en Saxe en 1733, et mort le 21 avril 1805. Son *Lexicon universæ rei numariæ veterum*, Leipsick, 1785-1794, 13 vol. in-8°, est, au jugement du monde savant, un des plus utiles ouvrages sur la numismatique grecque et romaine.

SPANHEIM (Ézéchiel), né à Genève le 7 décembre 1629, mort à Londres le 7 novembre 1710. Ses *Dissertationes de præstantiá et usu numismatum*, 3e édition, Londres 1706-1717, est un trésor d'érudition et l'un des ouvrages les plus utiles pour l'étude approfondie des médailles antiques.

VAILLANT (Jean-Foy), né à Beauvais le 24 mai 1632, mort à Paris le 23 septembre 1706. Il a écrit un grand nombre de volumes sur les médailles grecques et romaine; , ils sont aussi consultés avec confiance. Son fils (Jean-François) a aussi écrit quelques dissertations sur le même sujet.

VELASQUEZ (Louis-Joseph de Vélasco), né à Malaga le 5 novembre 1722, et mort en 1772. Ses ouvrages sur les médailles et les inscriptions de l'Espagne sont très estimés.

VISCONTI (Ennio Guirino), né à Rome le 3o oct. 1751, mort à Paris le 7 fev. 1818. Tous ses ouvrages montrent ce que peut l'alliance de la connaissance des arts avec une érudition profonde. Visconti a décrit une foule de monumens au sujet desquels il rapporte tout ce que l'antiquité classique renferme de notions propres à favoriser l'interprétation des antiquités Son nom restera long-temps le premier de ceux qui ont rendu de grands services à la science.

WINCKELMANN (Jean), né à Stendal en 1718, assassiné à Trieste, par son domestique, le 8 juin 1768. Ses *Monumens antiques inédits*, et surtout son *Histoire de l'art des anciens*, qui a été traduite et imprimée plusieurs fois en français, sont des ouvrages célèbres, aussi instructifs pour l'artiste que pour l'archéologien.

ZOEGA (George), né à Kiel, mort à Rome en 1809. Il a laissé son *Catalogue* des médailles impériales d'Alexandrie d'Égypte, in-4°, et un traité *De origine et usu obeliscorum*, Rome 1797, in-fol. Ce dernier ouvrage est le véritable fondement de sa renommée littéraire : il y a réuni tout ce que l'on savait, d'après les anciens et les modernes, sur les obélisques égyptiens.

BIBLIOGRAPHIE

ARCHÉOLOGIQUE.

Traités élémentaires, généraux ou particuliers.

ARCHÆOLOGIA *litteraria*, par Jo.-Aug. ERNESTI — Ouvrage trop sommaire. On doit préférer la 2ᵉ édition revue et très augmentée, par Georg.-Henr. MARTIN. — Leipsick, 1790, in-8°.

HISTOIRE *de l'art chez les anciens*, par WINCKELMANN. — Paris 1802, 3 vol. in-4°.

ORBIS *antiquus*, par OBERLIN (le père). — Il a placé en tête de son ORBIS des prolégomènes archéologiques ; ils ont été traduits en français dans le tome 1ᵉʳ du *Magasin encyclopédique*.

INTRODUCTION *à l'étude des monumens, à l'étude des pierres gravées et des médailles,* par Aubin-Louis MILLIN. — On vient de réunir ces ouvrages précédés de la vie de l'auteur. — Paris, Girard, 1826, in-8°.

LEZIONI *elementari di archeologia, esposte nella pontificia universita di Perugia*, par VER-MIGLIOLI. — Perugia 1822 et 1823, 2 vol. in-8°.

Traités généraux sur les antiquités.

THESAURUS *antiquitatum græcarum et romanarum*, par GRÆVIUS et GRONOVIUS; Lugd., Bat., 1697 et années suivantes, 39 vol in-f°, y compris les supplémens de *Polenus* et *Sallengre*, et les ouvrages de *Pistiscus* et *Gruter.* — Collection d'un grand nombre de traités isolés, et de divers auteurs, sur toutes les parties de l'archéologie.

LEXICON *antiquitatum romanarum*, par PISTISCUS; Léovard. 1713, 2 vol. in-f°. —Recueil considérable, également utile à l'histoire et à l'archéologie.

L'ANTIQUITÉ *expliquée*, par D.-Bernard DE MONTFAUCON; Paris 1519; 15 vol. in-f°. — Le savant bénédictin s'est particulièrement proposé d'expliquer les usages des anciens par les monumens.

RECUEIL *d'antiquités*, par le comte DE CAYLUS; Paris 1750 à 1767; 7 vol. in-4°. — Les sujets reproduits par la gravure, sont très nombreux et variés. L'auteur s'applique assez souvent à découvrir dans un monument, les procédés des arts des anciens. L'abbé Barthélemy et d'autres savans célèbres ont fourni d'utiles mémoires au comte de Caylus.

ANTIQUITÉS, *dictionnaire de l'encyclopédie méthodique*, par M. MONGEZ, 7 vol. in-4°.

—Ouvrage fort utile par l'ensemble des recherches, leur exactitude et le grand nombre des planches.

MUSÉE *pio-clémentin* et autres ouvrages de VISCONTI, joignant la connaissance des arts du dessin à la plus profonde érudition. — Les ouvrages du célèbre Visconti se placent en tête de la science archéologique.

MONUMENS *antiques inédits ou nouvellement expliqués*, par MILLIN; Paris 1802 et années suivantes; 2 vol. in-4°, avec beaucoup de planches. — L'auteur est de l'école nouvelle, qui a associé le texte des auteurs de l'antiquité à l'interprétation de ses monumens.

SAGGIO *di lingua etrusca*, par LANZI; 2° édition, Florence 1824, 3 vol. in-8° (avec pl. représentant beaucoup de monumens étrusqnes.) — Ouvrage classique sur cette partie de l'antiquité.

MONUMENTI *etruschi o di etrusco nome*, par INGHIRAMI. — Poligrafia Fiesolana, 1824 et années suivantes, in-4°.

PANTHÉON ÉGYPTIEN, par CHAMPOLLION LE JEUNE et DUBOIS; Paris, 1824 et années suivantes, in-4°.

CATALOGUES *de diverses collections d'antiquités*, rédigés et publiés par M. L.-J.-J. DUBOIS. — Ces catalogues sont remarquables par la détermination des matières variées employées dans les monumens, l'indication de leurs caractères principaux, sur lesquels leur classification doit être fondée.

On peut ajouter à ces indications spéciales les *Mémoires de l'Académie des inscriptions et belles-lettres*, et toutes les *Descriptions des Musées et cabinets célèbres*. La vue des monumens originaux, ou des bonnes copies, est ce qu'il y a de plus propre à former l'œil et le jugement de l'archéologue.

Traités particuliers.

I. *Architecture.*

LES RUINES *des plus beaux monumens de la Grèce*, par LE ROY. — Paris 1768, in-f°.

ANTIQUITÉS *d'Athènes*, par J. STUART; Londres 1761, 3 vol. in-f°. — (Ouvrage traduit en français et publié à Paris.)

MONUMENTA *peloponesiaca*, par PACIAUDI. — Roma 1761, 2 vol. in-f°.

COLLECTIANEA *antiquitatum romanarum*, par VENUTI; Roma, 1736, in-f°.

GLIANTICHI *sepoleri*, par P. SANTE BARTOLI. Roma 1797, in-f°.

LES RUINES *de Pæstum*, par LA GARDATTE, 1799, in-f°.

ANTIQUITÉS *de la Grande-Grèce*, par PIRANESI; Paris 1804, 3 vol. in-f°.

LE ANTICHITA *di Ercolano*; Napoli 1757-1792, 9 vol. in-f°.

SICULA, par D'ORVILLE; Amsterd. 1764, in-f°.

ETRUSCARUM *antiquitatum fragmenta*, par INGHIRAMI; Francf. 1637, in-f°.

LES MONUMENS *de la France*, par M. A. DE LA BORDE; Paris, grand in-f°. — (Se publie par livraison.)

VARIAS *antiguedades de España*, *Africa*, par ADRETE; Amberes, 1614, in-f°.

VARIAS *antiguedades de Portugal*, par ESTACO; Lisboa 1625, in-f°.

BRITANNIA *romana*, par J. HARSLEY; Londres 1732, in-f°.

REMAINS *of two temples*, etc., *discovered at Bath*, par LYSON; Lond. 1801, in-f°.

DESCRIPTION *de l'Égypte*; Paris, imprimerie royale, 1809, et années suivantes.

DE ORIGINE *et usu obeliscorum*, par ZOEGA; Roma, 1797.

REMARQUES *sur l'architecture ancienne*, par WINCKELMANN; Paris 1783, in-8°.

Dans tous ces ouvrages, les auteurs se sont appliqués à reconnaître les principales pratiques variées de l'architecture antique, et sous ce rapport leur étude est d'une grande utilité pour la connaissance de cette partie considérable des arts des anciens.

II. *Peinture.*

DE PICTURA *veterum*, par JUNIUS; Roterdam 1674, in-f°. — Cet ouvrage se distingue par la discussion des passages des anciens relatifs à la peinture.

RECUEIL *de peintures antiques*, par P. SANTE BARTOLI; Paris 1757, in-f°.

COLLECTION des peintures antiques du palais de Titus, Trajan, etc.; Rome 1781, in-f°.

BAINS *de Titus, arabesques des bains de Livie et de la ville Adrienne*, par PONCE; Paris 1783 et 1789, in-f°.

VASES *antiques peints de la collection de W. Hamilton*, par TISCHBEIN; édition anglaise faite à Naples, 1791, 4 vol. in-f°. — (Elle a été traduite en français.)

PEINTURES *de vases grecs, avec les explications*, par MILLIN; Paris 1807, 2 vol. grand in-f°, précédées d'une *Introduction* à l'étude des vases peints.

MOSAIQUES *du midi de la France*, avec un texte explicatif, par M. ARTAUD; Paris, Didot, in-f°. — (Cet ouvrage n'est pas encore terminé.) On trouve aussi des copies de peintures antiques dans le *Antichita di Ercolano*, dans l'ouvrage spécial sur les peintures de cette ville, publié par G. KILIAN, 8 vol. petit in-f°; et sur la peinture égyptienne, dans la *Grande description de l'Égypte*.

III. *Sculpture.*

SCULPTURE *della villa Borghese*, par LAMBERTI; Roma 1796, 2 vol. in-f°.

MONUMENTI *gabini della Pinciana*, par
VISCONTI; Roma 1797, 2 vol. in-8°.

RECUEIL *de marbres antiques de la galerie
de Dresde;* 1733, in-f°.

BASSI RILIERI *antichi di Roma, colle illus-
trazioni*, par ZOEGA; 1783, grand in-4°.

MUSÉE *français*, par ROBILLARD PERONVILLE
et LAURENT (partie des bas-reliefs et des statues);
Paris 1810, grand in-f°.

MUSÉE *des antiques*, de BOUILLON; avec des
explications par M. **; Paris, Didot l'aîné; 3
vol. grand in-f°. — Il existe une foule d'autres
ouvrages relatifs aux monumens de la sculpture
antique. Mais l'intérêt de l'archéologue exige
qu'on ne s'attache qu'à ceux qui réunissent à la
fidélité des figures, des explications tout à la fois
savantes et certaines.

IV. *Pierres gravées.*

TRAITÉ *des pierres gravées*, par MARIETTE;
Paris 1750, 2 vol. in-f°.

GEMME *antiche figurate*, par ROSSI; Roma
1707, 4 vol. in-4°.

DESCRIPTION *des pierres gravées du baron
de Stoch*, par WINCKELMANN; Florence 1760,
in-f°.

DACYLIOTHECA *Smithsiana*, par GORI;
Venez. 1767, 2 vol. in-f.

DESCRIPTION *des pierres gravées du duc*

d'Orléans, par DE LA CHAU et LE BLOND; Paris 1780, 2 vol. in-f°.

CHOIX *de pierres gravées du cabinet impérial*, par ECKEHL; Vienne 1788, in-f°.

PIERRES *gravées inédites tirées des plus célèbres cabinets de l'Europe*, par MILLIN; Paris 1817 et années suivantes. — (Se publie par livraison.)

CHOIX *de pierres gravées antiques égyptiennes et persannes*, par M. L.-J.-J. DUBOIS; Paris 1817, in-4°.

Voir la note relative aux ouvrages de sculpture.

V. *Inscriptions.*

DE STILO *inscriptionum latinarum*, par MORELLI; Roma 1780, in-4°.

INSCRIPTIONES *antiquæ totius orbis romani*, par GRUTER; Amsterd. 1707, 4 vol. in-f°.—Il faut joindre à ce grand recueil, où les inscriptions sont classées d'après une méthode généralement adoptée, ces ouvrages publiés ensuite par MURATORI, DONATI, etc. On s'occupe en Allemagne de refondre toutes les inscriptions connues, grecques ou latines, en un nouveau recueil général d'inscriptions antiques. On peut consulter, comme très utiles pour la critique et la science des inscriptions antiques, les deux ouvrages suivans.

DEUX LETTRES *à mylord comte d'Aberdeen, sur l'authenticité des inscriptions de Fourmont*, par M. Raoul-Rochette ; Paris, imprimerie royale, 1818, in-4°.

RECHERCHES *pour servir à l'histoire de l'Égypte, tirées des inscriptions grecques et latines;* Paris 1823, par M. Letronne, in-8°.

VI. *Médailles.*

DE PRÆSTANTIA *et usu numismatum*, par Spanheim ; Lond. 1706 ; 2 vol. in-f°.

LA SCIENCE *des médailles*, par Jobert ; Paris 1760, 2 vol. in-12.

LEXICON *universæ rei numariæ veterum*, par Rasche, Leips. 1785, 13 vol. in-8°.

DOCTRINA *numorum veterum*, par Eckehl ; Vindeb. 1792, 8 vol. in-4°.

DESCRIPTION *des médailles antiques grecques et romaines*, avec leur degré de rareté et leur estimation, par Mionnet ; Paris 1803 et années suivantes ; 6 vol. in-8° ; 3 vol. de supplément.

DE LA RARETÉ *et du prix des médailles romaines*, par le même ; Paris, 1814, in-8°.

Nous bornons à ces six ouvrages l'indication de ceux qui traitent de la science des médailles en général, et qui sont comme résumés de toutes les recherches antérieures.

VII. *Poterie antique.*

DE LA CÉRAMIE *des anciens*, par M. Artaud. — (On va mettre sous presse , sous ce
titre , un ouvrage qui traite de toutes les parties de l'art de la poterie ou *céramie* , considéré
chez tous les peuples de l'antiquité.) Il paraîtra
chez M. Firmin Didot au commencement de
1827.

VOCABULAIRE

DES MOTS TECHNIQUES

DE

L'ARCHÉOLOGIE.

A

ABAQUE. Table pour compter au moyen de chiffres ou de boules, 67.

ABRAXAS. Pierres gravées relatives aux opinions de la secte des gnostiques, 12.

ABRÉVIATIONS. Mots plus ou moins abrégés dans une inscription antique, 142. — Abréviations grecques, 145 ;— Étrusques, 166 ;—Romanisées ; 193. — Chrétiennes , 204; —Sur les *médailles*, voyez ce mot.

AFFRONTÉES (Têtes). Qui se regardent , 12.

ANTIQUITÉS ASIATIQUES. Appendix, n° 3, 295.

ARMOIRIE, ARMOIRIÉE. Orné de figures employées dans le blason, 65.

ASTRIFÈRE (Pierre gravée). Représentant des astres , 11.

ATTRIBUTION d'une médaille. — L'art de déterminer le prince, l'époque ou la ville qui l'a fait frapper, 204.

AUTONOMIE. Droit de se gouverner par ses propres lois pour les villes ou les peuples libres de toute domination étrangère, 246.

B

BASILIDIENNES (Pierres gravées). Voy. ABRAXAS, 12.

BOUSTROPHÉDON. Manière d'écrire en traçant alternativement les lignes de droite à gauche et de gauche à droite comme les sillons tracés par les bœufs, 127.

C

CHAMP. Surface de chaque côté d'une médaille, 220.

CABOCHON. Pierre gravée convexe, 11.

CAMÉE. Pierre ou pâte gravée en relief, 10.

CAPRICE. Pierre gravée dont le sujet est bizarre, 11.

CARTOUCHE. Encadrement elliptique renfermant les noms des rois égyptiens, ou des dieux dynastes, dans les inscriptions de ce peuple, 117.

CÉRAMIE. Poterie des anciens; appendix, n° 2, 292.

CHIMÈRE. Pierre gravée dont le sujet est hors de la nature, 11.

CIPPE. Pierre de forme quadrangulaire portant une inscription, 98.

CONJUGUÉES (Têtes). Dont les profils sont superposés l'un au-dessus de l'autre, 12.

COUVERTE. Enduit ou émail qui couvre les scarabés égyptiens de matières communes, 55.

CYLINDRES. Pierres gravées cylindriques égyptiennes et persépolitaines, 13.

E

ÉCRITURE. L'art de peindre les *idées* par des signes *figuratifs*, *idéographiques* ou *phonétiques*, 110. — Écritures égyptiennes, leurs trois espèces et leur combinaison, 111 à 117 et 121.

EMPREINTES. Copie en plâtre, soufre, etc., des pierres gravées antiques, 42. — Moyen très simple de faire des empreintes avec du papier. — D'inscriptions ou de bas-reliefs, — Voy. FAC-SIMILE.

ÉPIGRAPHE. Inscription des édifices publics, 99.

ÉPONYME (Magistrat). Qui donnait son nom à l'année durant laquelle il exerçait sa magistrature; *l'archontat de Phanostrate* était dans la chronologie athénienne, l'année où Phanostrate fut archonte, 124. — *Jour éponyme* d'un empereur

F

G

H

I

P

R

S

T

X

FIN DE L'ARCHÉOLOGIE.

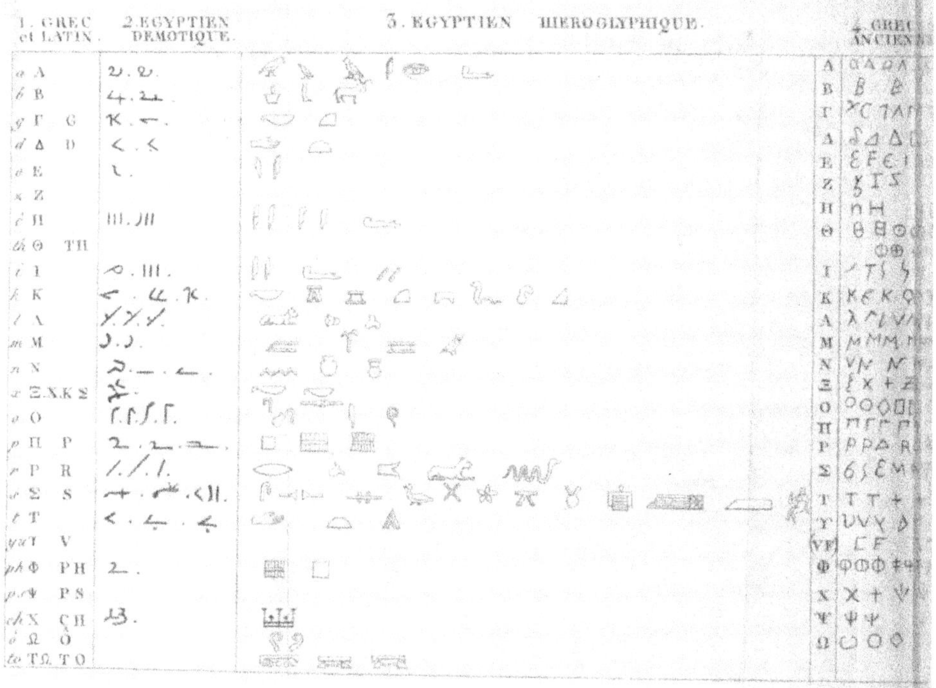

1. GREC et LATIN.	2. EGYPTIEN DEMOTIQUE.	3. EGYPTIEN HIEROGLYPHIQUE.	4. GREC ANCIEN.
a A			A
b B			B
g Γ G			Γ
d Δ D			Δ
e E			E
x Z			Z
é H			H
th Θ TH			Θ
i I			I
k K			K
l Λ			Λ
m M			M
n N			N
x Ξ.X.KΣ			Ξ
o O			O
p Π P			Π
r P R			P
s Σ S			Σ
t T			T
ya V			Υ
ph Φ PH			(VF)
ps Ψ PS			Φ
ch X CH			X
o Ω O			Ψ
to TΩ TO			Ω

5. ÉTRUSQUE.	6. EUGANÉEN.	7. OSQUE et SAMNITE.	8. LATIN ANCIEN.
A Λ Λ	Λ Λ Λ Ρ	Ο Ν Α	Α Μ Λ Λ
		Β	Β Β Β
			C C
			D D
Ε Ξ	Ε Ξ	Ε Η	Ε Π
			F F
Β Θ Θ	Β Β	Β	G C
Ο Ο Ο	Ο Ο	Ο	H
	I I	H I	I
K K C	K K	K Я K	K
L V L	Λ Ι	V	L L C
M M M	M M	M M M	L M M
H H	H +	H H	N N
+ ꞉	K		Ο Ο Ο Ο
	Ο Ο		Γ D S P
Ι Ι	Ι Ι Ι	Π L	Q
D D P F	Ι D	Ρ R D	R R
M M	ꞇ ꞇ	ꞇ ꞇ	S ʃ
M		Τ X	T V V
+ Y +	+	V Υ Υ	V V
V			
Ε Ε	Ι Ι Ι	Ε	X X
Β Θ Θ		Ο Φ Φ	Z
	Y		

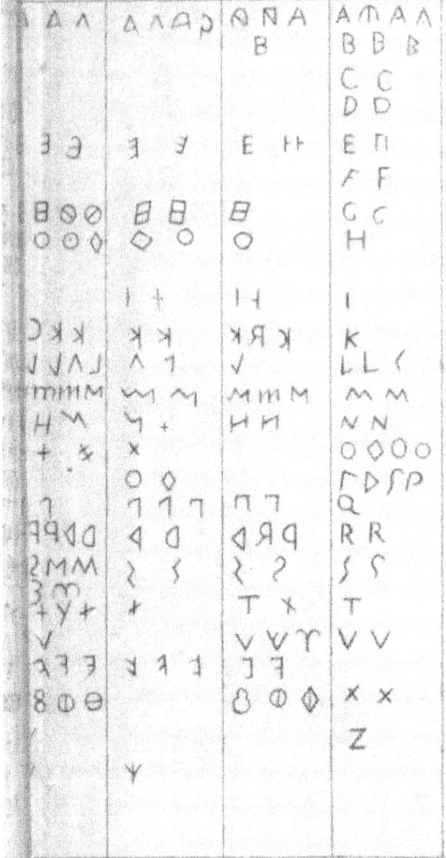

11.

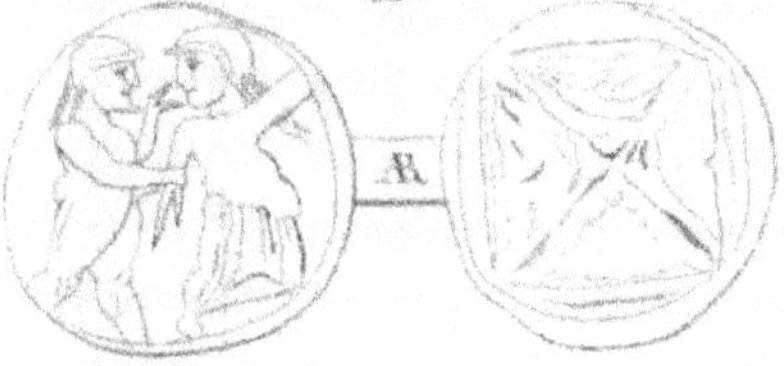

9.

13.

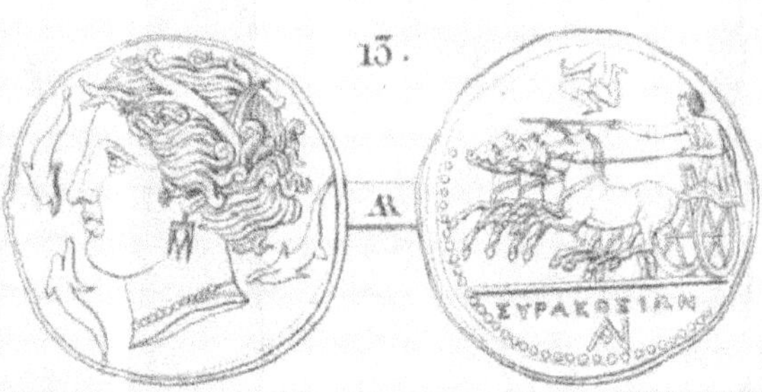

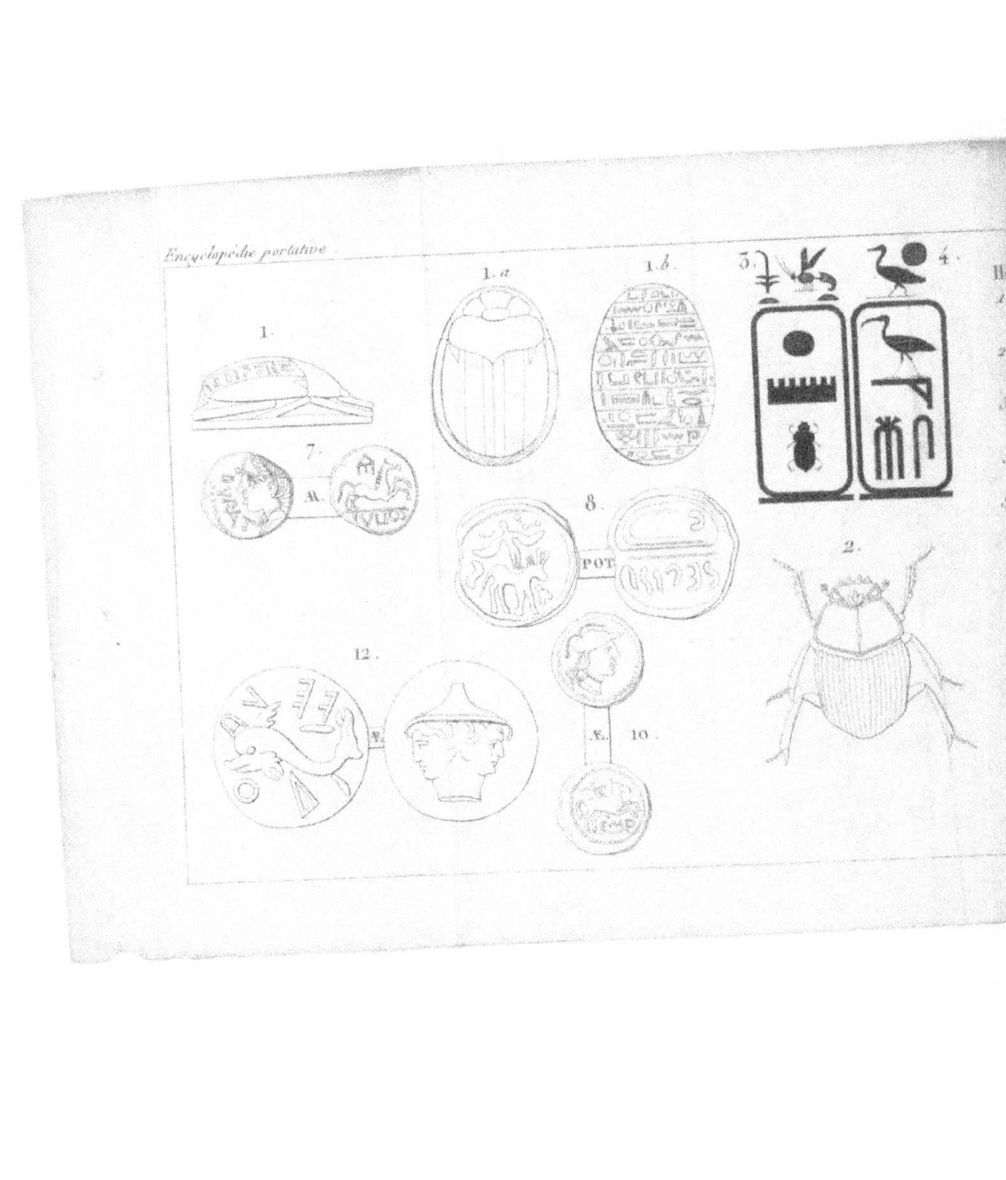

6.

9 782329 227016